W0198762

BROT
UND KLEINGEBÄCK

DIE GU KÜCHENBIBLIOTHEK

Rezeptfotos: FoodPhotography Eising
Fotos Warenkunde und Küchentechnik: FoodPhotography Eising / Studio Teubner

Rezepte:
Erika Casparek-Türkkan
Elisabeth Döpp
Angelika Ilies
Brigitta Stuber

Warenkunde und Küchentechnik: Annette Heisch

Inhalt

6 Wegweiser zum richtigen Rezept

Wissenswertes rund ums Brotbacken. Außerdem: Alle Rezepte mit Zubereitungszeit, Nährwerten und besonderen Eigenschaften übersichtlich in einer Tabelle

14 Warenkunde

Steckbriefe der typischen Brotgetreide und beliebter »Exoten« wie Buchweizen oder Quinoa. Alles Wissenswerte über Angebotsformen und Verwendung von Körnern und Mehl sowie über Backtriebmittel und Brotgewürze

20 Küchentechnik

Kneten und schlagen, formen und backen wie ein Profi, Schritt für Schritt erklärt in Wort und Bild. Die wichtigsten Geräte und Tips rund ums Zubereiten, Backen und Aufbewahren von Brot und Brötchen. Außerdem: Wichtige Stichworte zum Brotbacken übersichtlich aufgelistet von A–Z

30 Hefebrote

Abwechslungsreiche Brote aus Hefeteig, die leicht gelingen. Mit internationalen Spezialitäten und Klassikern wie Sonnenblumen-, Bauern- und Hausbrot

BROT
UND
KLEINGEBÄCK

DIE GU KÜCHENBIBLIOTHEK

Sandra's 15/09/97

62 Sauerteigbrote

Brote aus Sauerteig und Hefe, die zum Teil ihre Zeit brauchen, Sie dafür aber durch herzhaften Geschmack und lange Frische belohnen

80 Spezialbrote

Viele der Brote gibt's nicht beim Bäcker zu kaufen. Mit den köstlichen Spezialitäten, die leicht gelingen, können Sie sowohl Ihre Familie verwöhnen als auch Ihre Gäste beeindrucken

98 Brötchen und Co.

Süßes und salziges, butterzartes und vollwertig-kerniges Kleingebäck in allen Formen von Brötchen über Stangen bis zu Zopf oder Schnecke. Zum Frühstück, zum Nachmittagskaffee oder zum Abendessen

128 Rezepte mit Brot

Was tun, wenn man viel Brot hat und nichts einfrieren möchte? Mit unseren raffinierten und dennoch einfachen Rezepten lassen sich aus frischem und altbackenem Brot tolle Gerichte zaubern

140 Register und Küchendolmetscher

BROTBACKEN MIT GENUSS

Brot und Brötchen selber zu backen hat viele Vorteile: Man weiß genau was drin ist, Konservierungsmittel und Zusatzstoffe sind z. B. garantiert nicht enthalten. Außerdem macht Brotbacken Spaß und ist ein rundum sinnliches Vergnügen. Es beginnt mit dem Kneten und Formen des Teigs, dann zieht ein verlockender Duft durch die Wohnung und schließlich folgt der erste Biß in die frische Scheibe Brot – köstlich!

Das tägliche Brot in unserer Ernährung

Brot ist nicht nur ein wichtiger Kohlenhydratlieferant, sondern ist unsere wesentliche Quelle für das Vitamin B1, auch Thiamin genannt. Es erfüllt essentielle Funktionen im Energiestoffwechsel und im Nervensystem. Vier Scheiben Weizen-Vollkornbrot enthalten bereits 40 % des empfohlenen Tagesbedarfs eines Erwachsenen.

Die gesunden Nährstoffe im Getreidekorn

Brot leistet einen wichtigen Beitrag zur gesunden Ernährung, denn es enthält die Inhaltsstoffe des Getreides. Ein Getreidekorn setzt sich im Durchschnitt aus 60 % Kohlenhydraten, 11 % Eiweiß, 2 % Fett und 10 % Ballaststoffen zusammen, der Restanteil entfällt auf Wasser. Das entspricht genau den modernen Ernährungsprinzipien, die besagen, daß man reichlich komplexe Kohlenhydrate in Form von Stärke, ausreichend Eiweiß, viele Ballaststoffe und wenig Fett zu sich nehmen soll. Besonders wertvoll für die Ernährung sind Brote und Brötchen aus dem vollen Korn, da sie dessen komplette Nährstoffe enthalten. Der Hauptanteil eines Korns besteht aus dem sogenannten Mehlkörper, in dem die Stärke eingebettet liegt. Dazwischen liegen Spuren von Eiweißbestandteilen, die als Kleber bezeichnet werden. Sie beeinflussen die Backfähigkeit. Vor allem Weizen- und Dinkelmehl sind reich an Kleber. Neben dem Mehlkörper liegt der Keimling, der reichlich wertvolle mehrfach ungesättigte Fettsäuren sowie Vitamin E und Eiweiß enthält. Die äußeren Randschichten, die sogenannte Aleuronschicht sowie die Frucht- und die Samenschale, umgeben Mehlkörper und Keimling. Hier befinden sich vor allem die Mineralstoffe Eisen, Magnesium und Kalzium, außerdem Vitamine der B-Gruppe, vor allem Vitamin B1 und Niacin, sowie die verdauungsfördernden faserförmigen Ballaststoffe, die im Vollkornmehl noch vorhanden sind. Werden Keimling und Randschichten entfernt, wie das bei der Herstellung von Weißmehl passiert, gehen die wertvollsten Bestandteile des Korns verloren. Wer Gesundheit und Wohlbefinden fördern und erhalten will, sollte deshalb möglichst oft Brot und Brötchen mit hohem Vollkornanteil essen. Zum Einstieg in die Vollwertbäckerei eignen sich auch Brote, die halb aus hellem und halb aus Vollkornmehl oder aus einer mittleren Mehltype zubereitet werden.

So gelingt Ihr Selbstgebackenes

Die Temperaturen von Ober- und Unterhitze bzw. Umluft

Ober-/Unterhitze	Umluft
150°	140°
175°	160°
200°	180°
225°	200°
250°	220°

Ob Hefe- oder Sauerteig, jeder Teig muß gut geknetet werden. Nur so bekommt das Brot eine schöne Krume. Wenn Sie regelmäßig backen, lohnt sich sicherlich der Kauf einer leistungsstarken Küchenmaschine, denn das spart Zeit und Kraft. Auch eine eigene Getreidemühle ist bei häufigem Vollkornbacken bestimmt ein Gewinn.

Aber auch ohne moderne Geräte gelingt Ihnen Ihr Backwerk, und es macht Spaß, den Teig zu kneten und zu sehen, wie er geht. Was Sie beim Backen grundsätzlich beachten sollten: Verwenden Sie immer nur hochwertige, einwandfreie Zutaten. Die Flüssigkeitsmengen in den Rezepten sind ungefähre Angaben, denn sie richten sich nach der Quellfähigkeit des jeweiligen Mehls. Vollkornteige brauchen in der Regel mehr Flüssigkeit und sind weicher. Sauerteigbrote sind aufwendiger zu backen als reine Hefebrote. Wer in die Brotbäckerei einsteigt, sollte deshalb mit einem Hefebrot beginnen.

Die richtigen Temperaturen sind von Anfang an für das Gelingen wesentlich. Deshalb niemals die Zutaten direkt aus dem Kühlschrank nehmen. Beim Gehen die Temperaturangaben im Rezept befolgen, Wärme und Schutz vor Zugluft sind hier wichtige Punkte. Hilfreiche Tips rund um die verschiedenen Teige stehen auf Seite 22–24. Eine krosse Kruste und die richtige Krume hängen aber auch vom Backen ab. Manche Brote werden anfangs mit hoher Temperatur und anschließend mit reduzierter Hitze gebacken, beachten Sie genau die Angaben im Rezept. Und denken Sie daran, jeder Backofen bäckt anders. Deshalb sind die Angaben zur Backzeit Richtwerte. Machen Sie auf jeden Fall eine Garprobe und beobachten Sie Ihr Brot zum Ende der angegebenen Backzeit. Ausführliche Tips rund um das Backen und wie Sie dem Brot von Anfang an Dampf machen, damit es eine schöne Kruste bekommt, lesen Sie auf Seite 26.

Brot für Gäste

Überraschen Sie Ihre Gäste doch mal mit einem Zucchini- oder Kürbisbrot. Das gibt's nur hausgemacht und nirgendwo fertig zu kaufen.

Wenn zur Vorspeise ein selbst gebackenes Brot gereicht wird, wird das Ihre Gäste sicherlich begeistern. Aber auch eine zünftige Brotzeit oder ein deftiges Picknick mit kräftigem Landbrot oder selbstgebackenen Brezen kommen stets gut an. Oder laden Sie zum Brunch ein. Der Duft von frischgebackenen Brötchen und Baguette aus der eigenen Bäckerei lockt sogar Morgenmuffel aus der Reserve. Und damit die Einladung nicht allzu stressig wird, können Sie natürlich vorbacken und einfrieren. Wichtige Informationen über Aufbewahrung und Vorrat von Brot stehen auf Seite 27.

WEGWEISER ZUM RICHTIGEN REZEPT

Der GU-Wegweiser zum richtigen Rezept

Damit Sie für jede Gelegenheit die richtige Wahl treffen, folgt auf den nächsten Seiten der Wegweiser zum richtigen Rezept. Er enthält alle wichtigen Informationen über die Rezepte samt ihren Eigenschaften und erschließt Ihnen die Vielfalt des Buches auf einen Blick.
Dazu wurde jedes Rezept geprüft, klassifiziert und mit Wertmarken wie »Gelingt leicht«, »Schnell« oder »Frisch am besten« versehen. Da die meisten Rezepte mehrere Eigenschaften haben, und jeder Wertmarke eine Farbe zugeordnet ist, ist eine bunte und informative Tabelle entstanden.
Die jeweils wichtigste Wertmarke, die das Rezept am besten charakterisiert, finden Sie farblich hervorgehoben auf den Rezeptseiten wieder.

Die Kalorien
Zu jedem Rezept erfahren Sie den Kaloriengehalt pro Portion (das ist beim Brot 1 Scheibe und beim Kleingebäck 1 Stück). Bei den Broten haben wir jeweils eine von unseren Autorinnen erprobte durchschnittliche Scheibenanzahl zugrunde gelegt. Wenn Sie aus dem Brot dickere oder dünnere Scheiben schneiden, verändern sich die Kalorien natürlich entsprechend.

Die Zeit
Brotbacken ist, wie Sie schnell feststellen werden, nur auf den ersten Blick zeitaufwendig. In der Tabelle finden Sie die Zubereitungszeiten und in Klammern zusammengefaßt die Zeiten für Ruhen-, Gehen- und Gärenlassen des Teigs sowie für Backen und Auskühlen der Brote und Brötchen. Alle Brote, die nicht länger als 2 Std. brauchen, und zwar vom ersten Handgriff bis zum Anschneiden, haben die Wertmarke **Schnell**. Alle Backwaren, die eine Dauer von 6 Std. überschreiten, haben die Wertmarke **Braucht Zeit**. Dabei handelt es sich aber um keine »aktive« Arbeitszeit, da der Teig ohne Ihr Zutun ruht oder gärt oder das Gebäck auskühlt.
Unter dem Zeitaspekt ist es auch interessant, ob Brote oder Kleingebäck **gut vorzubereiten** sind – ob fürs Frühstück oder für eine Party am Abend.

Der Schwierigkeitsgrad
Besonders unkomplizierte Rezepte, die von Ungeübten problemlos zu bewältigen sind, sind mit **Gelingt leicht** gekennzeichnet. **Für Geübte** kennzeichnet Brote und Brötchen, für deren Zubereitung eine gewisse Routine empfehlenswert ist. Wenn Sie also noch Anfängerin sind, am besten vorher erst einmal ausprobieren, bevor Sie Gäste einladen.

Weitere Eigenschaften
Einige Brote und Brötchen schmecken einfach nur frisch so richtig gut und sollten nicht schon am Vortag gebacken werden. Um welche es sich dabei handelt, sehen Sie anhand der Wertmarke **Frisch am besten**. Andere Brote schmecken auch nach mehreren Tagen oder gar nach Wochen noch ausgezeichnet, sie sind mit der Wertmarke **Lange haltbar** versehen. Alle Rezepte, die den Richtlinien der Vollwertküche entsprechen, tragen die Wertmarke **Vollwertig**. Damit Sie auch bei jedem Backwerk sofort wissen, ob es sich für süßen oder salzigen Brotaufstrich eignet, haben wir den **Geschmack** angegeben, zum Beispiel »mild« oder »würzig«.

Der besondere Anlaß
Mit dem Vermerk **Für Gäste** sind Rezepte versehen, die nicht alltäglich sind. Manche sind schnell zubereitet, andere lassen sich gut vorbereiten oder gelingen leicht. Eines haben sie alle gemeinsam: Das Ergebnis ist beeindruckend.

Unendlich viele Kombinationsmöglichkeiten
Nun sehen Sie schon, daß es wichtig ist, mehrere Eigenschaften der Rezepte zu kennen, um das richtige für jeden Anlaß auszuwählen. Manchmal braucht man eben etwas **schnelles für Gäste**, das **leicht gelingt** oder ein Brot, das **vollwertig** ist und herzhaft im **Geschmack**.

Das besondere Rezept !

Einige Rezepte des Buches haben wir als besondere Rezepte hervorgehoben. Anhand dieser Beispiele wird erklärt, welche Eigenschaften dieses Rezept zu einem Gästerezept machen, warum ein anderes leicht gelingt und warum das dritte so schnell ist. Dazu gibt es Tips, wie es noch feiner, noch schneller, noch praktischer wird.
Die besonderen Rezepte sind im Buch leicht zu finden, der Text steht auf einer gelben Seite.

GU-WEGWEISER ZUM RICHTIGEN REZEPT

Seite	Rezept	Zubereitungszeit	Kalorien pro Portion	Geschmack	Gelingt leicht
	HEFEBROTE				
32	Französisches Baguette	40 Min. (+ 26 3/4 Std.)	50	mild	■
33	Feines Kastenweißbrot	25 Min. (+ 1 Std. 35 Min.)	125	mild	■
34	Krustenweißbrot	40 Min. (+ 2 1/4 Std.)	114	mild	■
35	Toskanisches Olivenbrot	1 Std. (+ 2 Std. 45 Min.)	147	würzig	
36	Dinkel-Toastbrot	1 Std. (+ 2 Std. 20 Min.)	90	mild	■
36	Englisches Hausbrot	30 Min. (+ 1 1/4 Std.)	48	mild	
37	Molkebrot	45 Min. (+ 2 Std. 10 Min.)	87	herzhaft	
38	Gewürztes Mischbrot	45 Min. (+ 3 Std.)	111	würzig	■
39	Deutsches Hausbrot	30 Min. (+ 2 Std. 20 Min.)	143	mild	■
40	Helles Sonnenblumenbrot	50 Min. (+ 2 Std. 20 Min.)	101	mild-würzig	■
41	Grahambrot	50 Min. (+ 2 1/2 Std.)	44	mild	■
42	Kräuter-Bauernbrot	30 Min. (+ 2 Std. 10 Min.)	83	herzhaft	
43	Tahin-Brot	30 Min. (+ 1 Std. 20 Min.)	253	leicht süß	
45	Schinken-»Rosen«-Brot	1 1/4 Std. (+ 2 Std. 10 Min.)	292	herzhaft	■
46	Hafer-Weizenkeim-Brot	40 Min. (+ 2 Std.)	124	mild	■
47	Gerstenbrot mit Fenchel	30 Min. (+ 2 Std.)	128	würzig	■
48	Kümmel-Korbbrot	30 Min. (+ 2 Std. 10 Min.)	127	würzig	
49	Dinkel-Gewürzbrot	1 Std. (+ 14 Std. 10 Min.)	138	würzig	
50	Zucchinibrot	45 Min. (+ 2 Std. 20 Min.)	141	würzig	■
51	Kürbiskernbrot	45 Min. (+ 2 Std. 25 Min.)	138	herzhaft	■
52	Pikanter Hefezopf	30 Min. (+ 2 Std. 40 Min.)	54	mild-würzig	
53	Mandel-Sesam-Brot	45 Min. (+ 2 1/4 Std.)	114	herzhaft	■
55	Finnisches Malzbrot	35 Min. (+ 3 1/2 Std.)	160	leicht süß	
56	Türkisches Fladenbrot	35 Min. (+ 1 1/4 Std.)	263	würzig	
57	Sizilianischer Gewürzfladen	45 Min. (+ 12 1/4 Std.)	236	würzig	
58	Amerikanisches Hirsebrot	35 Min. (+ 13 Std. 40 Min.)	100	herzhaft	
58	Portugiesisches Maisbrot	1 Std. (+ 1 Std.)	130	herzhaft	■
59	Schwedisches Buchweizenbrot	30 Min. (+ 7 1/2 Std.)	113	mild	■
60	Rosinenzopf	45 Min. (+ 1 3/4 Std.)	124	leicht-süß	■
61	Orangenbrot	45 Min. (+ 2 Std. 10 Min.)	144	leicht-süß	■
	SAUERTEIGBROTE				
64	Landbrot	45 Min. (+ 15 Std. 40 Min.)	123	würzig	
65	Krustenbrot aus dem Tontopf	30 Min. (+ 6 Std.)	194	würzig	
66	Sechskornbrot	45 Min. (+ 3 Std.)	96	herzhaft	
67	Korianderbrot	1 Std. (+ 32 1/2 Std.)	118	würzig	
68	Fränkisches Bauernbrot	30 Min. (+ 2 1/2 Std.)	197	herzhaft	■
69	Schwäbisches Kastenbrot	30 Min. (+ 4 1/2 Std.)	99	würzig	■
70	Bauernstange	45 Min. (+ 2 Std. 10 Min.)	62	würzig	

Schnell
Läßt sich gut vorbereiten
Für Geübte
Frisch am besten
Lange haltbar
Braucht Zeit
Für Gäste
Vollwertig

GU-WEGWEISER ZUM RICHTIGEN REZEPT

Seite	Rezept	Zubereitungszeit	Kalorien pro Portion	Geschmack	Gelingt leicht
70	Roggen-Zwiebel-Stange	25 Min. (+ 1 Std. 40 Min.)	79	herzhaft	
71	Gewürzbrot	1 Std. (+ 5 Tage + 18 1/2 Std.)	148	herzhaft	
72	Französisches Landbrot	30 Min. (+ 3 1/4 Std.)	94	mild-würzig	x
73	Türkisches Bauernbrot	35 Min. (+ 2 1/4 Std.)	146	herzhaft	x
75	Finnisches Loch- oder Ringbrot	1 Std. (+ 53 1/2 Std.)	110	mild	
76	Tiroler Roggenbrot	40 Min. (+ 4 Std. 10 Min.)	112	würzig	x
77	Schwarzbrot rheinische Art	45 Min. (+ 53 1/2 Std.)	30	herzhaft	
78	Französisches Walnußbrot	45 Min. (+ 2 Std. 10 Min.)	53	herzhaft	x
79	Oliven-Baguette	1 Std. (+ 69 1/2 Std.)	62	herzhaft	
	SPEZIALBROTE				
82	Kartoffelbrot	1 Std. (+ 1 3/4 Std.)	107	mild	x
82	Kartoffelfladen	1 Std. (+ 1 1/2 Std.)	231	würzig	x
83	Buntes Gemüsebrot	30 Min. (+ 1 Std. 10 Min.)	119	herzhaft	x
84	Kürbisbrot	45 Min. (+ 2 1/4 Std.)	90	mild-würzig	
85	Kürbis-Mais-Brot	35 Min. (+ 2 Std.)	164	herzhaft	
86	Kräuterbrot mit Parmesan	35 Min. (+ 4 1/4 Std.)	167	würzig	x
87	Zwiebel-Fladenbrot	1 Std. (+ 1 Std.)	154	mild-würzig	
88	Roggenknäcke	1 Std. (+ 1 Std.)	73	mild-würzig	
89	Schrotzwieback	50 Min. (+ 2 Std.)	105	mild	
90	Reisbrot	1 Std. (+ 2 Std. 25 Min.)	80	mild-würzig	x
91	Finnische Gerstenfladen	45 Min. (+ 1 1/2 Std.)	194	mild	
92	Sauerkrautbrot	30 Min. (+ 1 Std. 40 Min.)	98	herzhaft	
93	Portugiesisches gefülltes Brot	40 Min. (+ 1 1/2 Std.)	314	herzhaft	x
95	Chatschapuri	50 Min. (+ 2 Std. 20 Min.)	259	pikant	
96	Dattelbrot	45 Min. (+ 1 Std. 50 Min.)	189	süß	x
96	Bananenbrot	50 Min. (+ 1 Std. 10 Min.)	148	leicht süß	
97	Klötzenbrot	1 Std. (+ 14 Std. 50 Min.)	89	süß	
	BRÖTCHEN UND CO.				
100	Brioches	1 Std. (+ 16 Std. 40 Min.)	256	leicht süß	
101	Rosinenbrötchen	30 Min. (+ 2 Std. 10 Min.)	99	süß	
102	Quarkbrötchen	45 Min. (+ 1 Std.)	224	leicht süß	x
102	Joghurtschnecken	45 Min. (+ 1 Std. 25 Min.)	286	mild	x
103	Buttermilchzöpfchen	45 Min. (+ 1 1/2 Std.)	287	mild	x
104	Müslibrötchen	40 Min. (+ 1 1/2 Std.)	225	leicht süß	
105	Süße Safranstangen	45 Min. (+ 1 3/4 Std.)	170	süß	x
106	Rosenbrötchen	30 Min. (+ 1 Std. 55 Min.)	220	mild	x
106	Panini	30 Min. (+ 3 Std.)	172	mild	x
107	Vollkorn-Stangen	25 Min. (+ 1 1/2 Std.)	455	mild-würzig	x
109	Party-Brötchen	1 Std. (+ 2 Std. 50 Min.)	107	herzhaft	

Schnell	Läßt sich gut vorbereiten	Für Geübte	Frisch am besten	Lange haltbar	Braucht Zeit	Für Gäste	Vollwertig

GU-WEGWEISER ZUM RICHTIGEN REZEPT

Seite	Rezept	Zubereitungs-zeit	Kalorien pro Portion	Geschmack	Gelingt leicht
110	Griechische Osterschleifen	45 Min. (+ 1 3/4 Std.)	500	mild	
110	Bagels	40 Min. (+ 2 Std. 40 Min.)	184	mild	
111	Weckmänner	50 Min. (+ 2 Std. 20 Min.)	551	leicht süß	
112	Mehrkornhörnchen	30 Min. (+ 1 Std. 25 Min.)	230	mild	
113	Grünkernbrötchen	40 Min. (+ 1 1/2 Std.)	157	mild	
114	Vintschgauer	50 Min. (+ 6 Std. 50 Min.)	217	würzig	
115	Sauerteigbrötchen	50 Min. (+ 16 Std. 40 Min.)	105	würzig	
117	Laugenbrezen	1 Std. (+ 1 Std. 50 Min.)	131	mild-würzig	
118	Käsebrezeln	40 Min. (+ 1 Std. 20 Min.)	212	herzhaft	
119	Sesamkringel	45 Min. (+ 2 Std. 20 Min.)	354	mild	
120	Grissini	1 Std. (+ 1 Std. 55 Min.)	93	mild	
120	Vollkorn-Pizzabrot	40 Min. (+ 1 1/2 Std.)	144	würzig	
121	Schinkenhörnchen mit Pinienkernen	50 Min. (+ 1 1/4 Std.)	265	mild-würzig	
122	Griechische Mini-Pitta	30 Min. (+ 2 Std. 50 Min.)	344	mild	
123	Arabisches Fladenbrot	45 Min. (+ 2 1/4 Std.)	277	mild	
124	Indische Chapattis	1 1/2 Std. (+ 40 Min.)	92	mild	
125	Buchweizenblinis	30 Min. (+ 2 Std.)	100	mild	
126	Pikante Muffins mit Käse	30 Min. (+ 20 Min.)	172	herzhaft	
127	Kartoffel-Täschchen	1 1/2 Std. (+ 40 Min.)	204	herzhaft	
	REZEPTE MIT BROT				
130	Crostini	30 Min.	453		
131	Toskanischer Brotsalat	30 Min.	352		
132	Vollkorn-Burger	50 Min.	321		
132	Französisches Pan bagnat	30 Min.	355		
133	Englische Sandwich-Variationen	45 Min.	145		
134	Italienische Brotsuppe	30 Min. (+ 20 Min.)	421		
135	Mexikanischer Broteintopf	40 Min. (+ 30 Min.)	488		
136	Semmelknödel mit Champignons	1 Std.	619		
137	Brotbällchen mit Tomatensauce	1 Std.	531		
138	Arme Ritter mit Kompott	1 Std. (+ 40 Min.)	450		
139	Betty Brown's Brotauflauf mit Zimtsauce	40 Min. (+ 45 Min.)	746		

Schnell	Läßt sich gut vorbereiten	Für Geübte	Frisch am besten	Lange haltbar	Braucht Zeit	Für Gäste	Vollwertig

WARENKUNDE

Die Qualität der Zutaten trägt entscheidend dazu bei, daß Brot und Brötchen gelingen, schmecken und darüber hinaus auch noch gesund sind. Auf den kommenden Seiten gewinnen Sie einen Überblick, worauf Sie beim Einkauf achten müssen. Sie erfahren, welches Getreide sich für welches Backwerk eignet, mit welchem Backtriebmittel der Teig schön locker wird und welche Gewürze Abwechslung und Geschmack in die Brotbackstube bringen.

Getreide und Co.

Die klassischen Brotgetreide sind nach wie vor Weizen und Roggen. Sie sind als ganze Körner in Naturkostläden, Reformhäusern und Mühlen erhältlich. Zu empfehlen sind Körner aus biologischem Anbau, denn sie sind ohne Chemie gewachsen und gelagert. Wer eine eigene Getreidemühle hat, mahlt die Körner selbst. Wer keine hat, läßt im Geschäft mahlen. Außerdem wird das Getreide bereits in gemahlener Form in unterschiedlichen Ausmahlungs- und Feinheitsgraden angeboten. Eine kleine Auswahl gibt es sogar in den Supermärkten, ein größeres Angebot finden Sie im Reformhaus und Naturkostladen.

Körner und Mehl

Der Ausmahlungsgrad gibt an, wie hoch der Gehalt an Nährstoffen im Mehl ist. Je höher der Ausmahlungsgrad eines Mehls, das heißt je mehr Mehl aus einer bestimmten Menge Getreide gewonnen werden kann, desto mehr Schalen- und Keimanteile gelangen ins Mehl – und mit ihnen die darin enthaltenen Vitamine, Mineral- und Ballaststoffe. Am wertvollsten sind natürlich die Mehle aus dem vollen Korn, die Vollkornmehle. Hier wird das komplette Getreidekorn mitsamt seinen wertvollen Randschichten und dem Keimling vermahlen. Auf der Verpackung wird nicht der Ausmahlungsgrad, sondern die **Mehltype** angegeben. Beide stehen in direktem Verhältnis zueinander: Je höher der Ausmahlungsgrad, umso höher die Mehltype. Die Mehltype sagt jedoch nichts über den **Feinheitsgrad** aus. Diesen erfährt man über den Produktnamen. Grob gemahlene Getreidekörner heißen Schrot, fein gemahlene Mehl. Grieß und Dunst sind Zwischenstufen. Neben den typischen Brotgetreiden bringen immer häufiger andere Getreidesorten wie **Hirse** oder **Mais** Abwechslung in die Brotbäckerei. Aber auch das sogenannte Pseudo-Getreide **Buchweizen** sowie **Kartoffeln** werden gerne verwendet.

Lagerung und Haltbarkeit von Getreidekörnern: Die optimalen Lagerungsbedingungen aller Getreidekörner ist trocken, luftig und kühl. So bleiben die Körner über Jahre hinweg haltbar. Allerdings gibt es kaum einen privaten Haushalt, der über einen entsprechenden Vorratsraum verfügt. Aus diesem Grund ist es ratsam, kleinere Getreidemengen zu kaufen, die innerhalb von drei Monaten aufgebraucht werden. Für die Lagerung sind Getreidesäckchen zum Aufhängen empfehlenswert, die unten eine Öffnung zum Entnehmen der Körner haben. Auch spezielle Getreidespeicher aus Holz, die es in Naturkostläden gibt, sind ideal. Luftundurchlässige Gefäße und Plastikbeutel eignen sich nicht, denn das Getreide atmet. Kontrollieren Sie die Körner regelmäßig nach Schädlingen. Mehlmotten, Kornkäfer und Milben sind die Feinde Ihres Getreidevorrats. Bei starkem Befall muß das gesamte Getreide vernichtet werden.

Lagerung und Haltbarkeit von Mehl: Grundsätzlich gilt, selbstgemahlenes Mehl oder Schrot möglichst sofort verbacken. Denn frisch gemahlen ist der Nährstoffgehalt am höchsten. Bei gekauftem Mehl oder Schrot sollten Sie stets das Haltbarkeitsdatum beachten. Je höher die Mehltype, desto kürzer die Haltbarkeit. Vollkornmehl, das die kompletten Randschichten des Korns und den fetthaltigen Keimling enthält, kann bei zu langer Lagerung ranzig werden. Es verdirbt rascher als weißes Auszugsmehl der Type 405, das hauptsächlich aus Stärke besteht. Mehl und Schrot am besten in der Originalverpackung trocken und kühl aufbewahren.

Weizen

Weizen spielt beim Brotbacken eine führende Rolle, denn es hat die besten Backeigenschaften. Der Grund ist sein besonders hoher Gehalt an Klebereiweiß, auch Gluten genannt. Beim Quellen des Mehls mit Wasser bindet das Klebereiweiß die Flüssigkeit im Teig. Es bildet ein netzartiges Gerüst, in das die Stärke eingelagert wird. Der Kleber sorgt für einen schönen elastischen Teig und bewirkt, daß beim Gehen des Teigs die entstehende Kohlensäure gebunden wird. Brote aus Weizenmehl oder -schrot sind aus diesem Grund besonders locker. Sie eignen sich gut für die Teigzubereitung mit Hefe. Weizenmehl wird häufig mit anderen kleberarmen Mehlen vermischt, um deren Backfähigkeit zu verbessern. Ganze Weizenkörner oder grober Schrot werden über Nacht in Wasser eingeweicht, bevor sie in den Teig kommen. Übrigens, zum Backen kommt ausschließlich der übliche **Weichweizen** in Frage. **Hartweizen** hingegen wird nur für Nudeln verwendet. Mehl oder Schrot aus dem vollen Korn – möglichst frisch gemahlen – ist am vitamin- und mineralstoffreichsten und die gesündeste und geschmackvollste Alternative zu anderen Weizenmehlen.

Angebotsformen: Ganze Körner, Backschrot und die größte Auswahl an Mehltypen gibt es in Mühlen, Naturkostläden und Reformhäusern zu kaufen. Weizen-Backschrot wird als Type 1700 angeboten. Er enthält in der Regel sämtliche Bestandteile des Korns, oft fehlt jedoch der Keimling. Weizen-Vollkornmehl wird ohne Typenzahl offeriert, es enthält sämtliche Bestandteile des Korns. Es ist sogar im Supermarkt erhältlich. Gängige Mehle sind Type 405 (das weiße Haushaltsmehl), Type 550 (Brötchen- und Weißbrotmehl), Type 812 und Type 1050. Eine Besonderheit ist ein Mehl Type 405, das mit Weizenkeimen angereichert ist. Es ist im Supermarkt zu kaufen. Außerdem gibt es Weizenkeime und -kleie separat abgepackt. Damit kann man das nährstoffarme Auszugsmehl (Type 405) mit Vitamin E oder Ballaststoffen anreichern.

Weizenkörner und Vollkornprodukte aus Weizen sind besonders reich an Vitamin B1 und B6. Diese Vitamine sind wichtige »Zündstoffe« für einen gesunden Stoffwechsel, B6 spielt auch eine große Rolle bei der Blutbildung.

GETREIDE UND CO.

Dinkel

Besonders herzhaft schmecken Brot oder Brötchen mit Grünkern. Das ist halbreif geernteter gerösteter Dinkel, der als ganzes Korn, Schrot oder Mehl verwendet werden kann.

Dieses uralte Getreide gehört zur Weizenfamilie. Da die Körner fest von Spelzen umschlossen sind, heißt es auch Spelzweizen. Diese müssen nach dem Dreschen entfernt werden. Die Backeigenschaften von Mehl und Schrot aus Dinkel sind genauso hervorragend wie die aus Weizen. Dinkel ist – ähnlich wie Weizen – für Hefeteige besonders gut geeignet. Das ursprüngliche Getreide mit seiner langen Tradition, vor allem in Süddeutschland, liegt voll im Trend. Denn Dinkelbrot ist nicht nur besonders vitamin- und mineralstoffreich, sondern es zeichnet sich auch durch einen besonders aromatischen, leicht nußartigen Geschmack aus. Dinkel ist von allen Getreidearten am teuersten, was am geringeren Ernteertrag sowie an der aufwendigen und damit kostspieligen Entfernung der Spelzen liegt.

Angebotsformen: Dinkel (links abgebildet) gibt es als ganze Körner, als Schrot und als Mehl in Naturkostläden, Reformhäusern und Mühlen zu kaufen.

Roggen

Roggenkörner sind besonders mineralstoffreich. Sie zeichnen sich vor allem durch einen hohen Eisenwert aus.

Roggenmehl ist dunkler als Weizenmehl. Die äußeren Schalen des Korns sind blau-grünlich, dieser Farbton ist auch typisch für das Roggen-Vollkornmehl. Roggen, der überwiegend als Vollkorn verwendet wird, enthält kaum Kleberanteile. Um diesen Mangel auszugleichen, mischt man Roggenmehl häufig mit Weizenmehl. Eine optimale Teigkonsistenz mit Roggenmehl oder -schrot erreicht man nur mit Hilfe von Sauerteig oder Backferment. Hefe reicht als Backtriebmittel nicht aus. Der schwache Roggenkleber wird erst durch Säure wirksam. Neben dem Kleber sorgen Pentosane, das sind spezielle Ballaststoffe, für die Backfähigkeit des Getreides. Roggenbrote schmecken besonders herzhaft und kräftig und sie halten sich länger frisch als Weizenbrote.

Angebotsformen: Roggen wird in Mühlen, Naturkostläden und Reformhäusern als ganze Körner, Schrot oder Mehl angeboten. Roggen-Backschrot ist mit der Type 1800 ausgezeichnet. Roggen-Vollkornmehl wird ohne Typenzahl angeboten, es enthält sämtliche wertvolle Bestandteile des vollen Korns. Außerdem werden Mehle der Typen 815, 997, 1150 und 1370 angeboten. Die niedrigeren Mehltypen gibt es auch im Supermarkt zu kaufen, die höheren nur im Reformhaus.

Hafer

Hafer hat vor allem in den Randschichten des Korns besonders wertvolle Ballaststoffe, die den Cholesterinspiegel senken. In der Haferkleie sind diese deshalb besonders konzentriert.

Hafer bildet weitverzweigte Rispen, an jedem Ästchen sitzen in der Regel zwei von Spelzen geschützte Körner. Unter den europäischen Getreiden hat Hafer den höchsten Eiweißgehalt, er enthält jedoch kaum Klebereiweiß. Deshalb wird Hafermehl beim Brotbacken mit Weizenmehl gemischt. Am bekanntesten und bedeutendsten sind jedoch die **Haferflocken.** Sie werden aus dem ganzen Korn gewalzt und anschließend gedämpft. Besonders nährstoffreich sind selbsthergestellte Haferflocken. Hierfür gibt es spezielle Geräte, sogenannte Flocker, im Fachhandel. Haferflocken können unter den Teig gemischt werden oder man bestreut Brot oder Brötchen damit.

Angebotsformen: Als ganze Körner (die selbst oder im Naturkostladen mehlfein gemahlen werden müssen), Haferflocken und Haferkleie in Naturkostläden und Reformhäusern. Haferflocken gibt es auch im Supermarkt. Zum Brotbacken eignen sich vor allem die groben kernigen Flocken.

Gerste

Gerste hat als Brotgetreide keine größere Bedeutung. Meist verwendet man die **Sprießkorngerste,** auch **Nacktgerste** genannt, eine Züchtung ohne Spelzen. Vermahlen kann Gerste zu Brot verbacken werden. Da jedoch der Klebergehalt gering ist, mischt man es mit Weizenmehl, um einen lockeren Teig zu bekommen. Die ganzen, vorher in Wasser eingeweichten Körner können ebenfalls unter den Brotteig gemischt werden, sie verleihen ihm einen kernigen Geschmack.

Angebotsformen: Im Reformhaus oder Naturkostladen meist als ganze Körner, Schrot oder Graupen, selten als Mehl.

GETREIDE UND CO.

Hirse

Hirse wird beim Brotbacken nur als Zusatz verwendet, denn sie enthält selbst kein Klebereiweiß. Brote mit Hirsemehl werden besonders knusprig. Werden ganze Hirsekörner verarbeitet, müssen sie vorher eingeweicht werden.

Angebotsformen: Meist als ganze Körner in Naturkostläden und Reformhäusern.

Hirse hat von allen Getreidearten den höchsten Eisengehalt.

Quinoa und Amaranth

Sie wurden als die »Körner der Inkas« bei uns bekannt, denn sie stammen aus Südamerika. Sowohl Quinoa als auch Amaranth sind eine sehr gute Ergänzung zu unserem Brotgetreide, da sie den Nährwert des Brotes erhöhen und vor allem wertvolles Eiweiß und wichtige Mineralstoffe wie Magnesium und Eisen liefern. Da die Körnchen keinen Kleber enthalten, werden sie in der Regel mit Weizenmehl gemischt. Amaranth und Quinoa verleihen dem Brot ein leicht nussiges Aroma.

Angebotsformen: Die gelblichen, sehr kleinen Amaranthkörner und die weißlichen senfkorngroßen, flachen Quinoakörner (rechts abgebildet) sind im Reformhaus und in Naturkostläden erhältlich.

Buchweizen

Die grünlich-braunen Buchweizenkörner ähneln Getreidekörnern und lassen sich vergleichbar verwenden, haben aber botanisch gesehen mit Getreide nichts zu tun. Buchweizen gehört zur Familie der Knöterichgewächse. Buchweizenmehl wird beim Brotbacken gerne mit Weizenmehl vermischt, um den geringen Klebergehalt auszugleichen. Buchweizen gibt dem Brot einen charakteristischen kräftigen, kernigen Geschmack, der leicht bitter sein kann. Aus der russischen Küche stammen die Blinis, kleine Buchweizenpfannkuchen.

Angebotsformen: Als ganzes Korn, grob geschrotet als Grütze und feingemahlen als Mehl im Reformhaus oder Naturkostladen zu kaufen.

Buchweizen enthält besonders wertvolles Eiweiß.

Mais

Mais enthält kein Klebereiweiß und wird deshalb meist mit Weizen verarbeitet. Ein Brot aus purem Maismehl geht nicht so gut auf und wird leicht speckig, eignet sich allerdings gut bei Glutenunverträglichkeit. Vor allem in amerikanischen Backrezepten hat Mais seinen festen Platz. Wer Maiskörner mit der Getreidemühle mahlen will, sollte vorher prüfen, ob sie dafür geeignet ist (Seite 21). Zum Backen nur **Hartmais** verwenden, **Puffmais** eignet sich nur für die Popcorn-Herstellung.

Angebotsformen: Gemahlenen Mais gibt es als Mehl und als Grieß in Naturkostläden und Reformhäusern. Zum Brotbacken eignet sich am besten das Mehl.

Maismehl enthält kein Klebereiweiß. Das ist wichtig für alle, die das Getreideeiweiß Gluten nicht vertragen und unter Zöliakie (eine Dünndarmerkrankung) leiden.

Kartoffeln

Kartoffeln geben dem Brot Feuchtigkeit und es bleibt länger frisch. Die Kartoffeln werden in der Schale gegart, gepellt und etwas abgekühlt durch die Kartoffelpresse gedrückt. Dann mischt man die Kartoffelmasse mit Weizen- oder Roggenmehl sowie mit den übrigen Zutaten. Geeignet sind mehligkochende Sorten, z. B. Aula.

GEWÜRZE, NÜSSE UND SAMEN

Sie machen aus jedem selbstgebackenen Brot etwas ganz besonderes und verleihen ihm das typische Aroma und den knackigen Biß. Es gibt auch fertige Mischungen als sogenanntes Brotgewürz zu kaufen (Seite 28).

Anis

Anis
Getrocknete Samen eines Doldengewächses aus dem Mittelmeerraum. Sie geben dem Brot einen intensiven süßlich-herben Geschmack. Typisches Brotgewürz in Süddeutschland, Österreich und Südtirol.

Fenchel
Die Samen des Fenchels sind in Süddeutschland und Österreich ein beliebtes Brotgewürz. Der Geschmack ist anisartig.

Fenchel

Koriander
Die pfefferkornähnlichen Früchte des Korianders mit ihrem leicht süßlichen Aroma würzen nicht nur die Spekulatius in der Weihnachtszeit. Gemahlen oder geschrotet zählt Koriander zu den typischen Brotgewürzen und macht Brote und Kleingebäck besonders aromatisch. Er ist vor allem in Bayern beliebt.

Kümmel
Die Früchte des Kümmels sind besonders reich an ätherischen Ölen. Diese verleihen Brot und Brötchen ein kräftig-würziges Aroma und helfen außerdem gegen Blähungen. Die sichelförmig gekrümmten Früchte kommen meist unzerkleinert in den Teig oder werden darüber gestreut.

Koriander

Kürbiskerne
Die grünlichen Kerne sind die Samen einer besonderen Kürbissorte. Die geschälten Kerne gibt es in Reformhäusern und Supermärkten zu kaufen. Sie werden nach dem Gehen, ganz oder grob zerkleinert, unter den Teig geknetet oder man bestreut Brot oder Brötchen vor dem Backen mit den ganzen Kernen. Kürbiskerne sind besonders gesund, denn sie sind reich an der lebensnotwendigen Linolsäure, einer mehrfach ungesättigten Fettsäure.

Mohn

Leinsamen
Die kleinen dunkelbraunen Samen einer Flachspflanze können frisch gemahlen mit Mehl oder Schrot vermischt werden. Ungemahlen sollten die Samen vorher in Wasser eingeweicht werden. Leinsamen reichert das Brot mit Ballast- und Nährstoffen an und fördert die Verdauung. Es gibt ihn im Supermarkt, Reformhaus oder Naturkostladen zu kaufen.

Mohn
Die ölhaltigen blau-schwarzen reifen Samen des Blaumohns sind meist ungemahlen in Reformhäusern und Supermärkten zu kaufen. Brot oder Brötchen werden vor dem Backen damit bestreut.

Sesam

Sesamsamen
Die kleinen Samen werden vor dem Backen über Brot, Brötchen oder Hefezöpfe gestreut oder unter den Teig gemischt. Sie verleihen dem Gebäck einen typischen nußartigen Geschmack. Bemerkenswert ist ihr hoher Gehalt an Eisen und Magnesium. Sesamsamen gibt es – meist geschält – in Supermärkten. In der Vollwertbäckerei werden ungeschälte Sesamsamen aus Reformhaus und Naturkostladen bevorzugt.

Sonnenblumenkerne
Sie zählen zu den beliebtesten Kernen in der Brotbäckerei. Sie können im Ganzen in den Teig nach dem Gehen geknetet werden, oder Brot oder Brötchen werden damit bestreut. Die Kerne geben dem Backwerk knackigen Biß und reichern es mit Magnesium an. Sonnenblumenkerne gibt es im Supermarkt und Reformhaus.

Walnüsse

Walnußkerne
Sie werden ganz oder grob zerkleinert in den Teig eingearbeitet und geben Brot und Brötchen so Geschmack und Biß. Außerdem liefern sie jede Menge Vitamin E und mehrfach ungesättigte Fettsäuren.

BACKTRIEBMITTEL

Verrührt man nur Mehl und Wasser, ist das Ergebnis eine Art Kleister. Damit Teig und Brotkrume schön locker werden, braucht man ein Triebmittel. Eine biologische Lockerung erfolgt mit **Hefe, Sauerteigansatz** und **Backferment.** Die Teiglockerung beginnt bereits vor dem Backen beim Gehenlassen des Teigs. Ein chemisches Lockerungsmittel ist Backpulver, das aber beim Brotbacken eine untergeordnete Rolle spielt.

Hefe

Hefe besteht aus Mikroorganismen, die zu den Pilzen zählen. Zum Backen wird eine speziell gezüchtete Backhefe verwendet. Die Teiglockerung beruht auf den Stoffwechselvorgängen der Hefezellen. Dabei bilden sie Kohlendioxid. Das ist das Gas, das den Teig zum Aufgehen bringt. Fett hindert die Aktivität der Hefe und sollte möglichst nicht in direkten Kontakt mit den Hefepilzen kommen. Besonders unkompliziert ist die Handhabung von **Trockenhefe,** einer Hefe, die durch ein Spezialverfahren getrocknet und pulverisiert wurde. Das Pulver wird einfach unter das Mehl gemischt. **Frischhefe** hingegen muß stets zerbröckelt und in Wasser oder Milch aufgelöst werden.

Verwendung: Hefe eignet sich vor allem für Weizen- und Dinkelbrote oder Mischbrote mit Weizen und Roggen, für reines Roggenbrot ist sie ungeeignet. Teige aus Vollkornmehl und/oder mit Fett benötigen in der Regel mehr Hefe.

Angebotsformen: Frischhefe in Würfel von 42 g gepreßt. Gibt es in der Kühltheke des Supermarkts zu kaufen. Trockenhefe ist als Pulver in Päckchen unterschiedlicher Füllmengen in der Backwarenabteilung des Supermarkts oder auch im Reformhaus erhältlich. Der Packungsaufschrift ist zu entnehmen, welcher Menge Mehl der Inhalt entspricht. Gängig ist Trockenhefe im Supermarkt in 7-Gramm-Päckchen, was 25 g Frischhefe entspricht. Im Reformhaus gibt es Trockenhefe im 11-Gramm-Päckchen, was einem Würfel Frischhefe von 42 g entspricht.

Haltbarkeit: Frischhefe kann im Kühlschrank etwa 2 Wochen, tiefgekühlt 3 Monate gelagert werden. Trockenhefe hält sich 1 Jahr bei Zimmertemperatur. Beachen Sie bitte die Mindesthaltbarkeitsdaten.

So erkennen Sie ob die Frischhefe wirklich frisch ist: Sie ist elastisch, hell und riecht angenehm. Alte Frischhefe hingegen ist bröckelig, dunkel und riecht unangenehm. Sie sollte möglichst nicht mehr verwendet werden, denn sie hat nicht mehr genügend Triebkraft.

Sauerteig

Die Basis ist tatsächlich ein sauer gewordener Teig, der durch eine Gärung entstanden ist. Säurebildende Bakterien bilden das Gas Kohlendioxid und lockern somit den Teig. Sauerteig verleiht dem Brot einen besonders kräftigen Geschmack. Die Brotbereitung mit Sauerteig ist um einiges zeitaufwendiger als ein Brot, das ausschließlich mit Hefe gemacht wird. Der Grund: längere Gehzeiten. Zu sehr guten Ergebnissen führt auch eine Kombination von Sauer- und Hefeteig. Sauerteig bekommt man auf unterschiedlichste Weise. Sie können Ihren eigenen Sauerteig ansetzen. Das ist etwas aufwendiger, aber nicht schwierig. Ein Grundrezept finden Sie auf Seite 23. Eine andere Möglichkeit: Behalten Sie sich jedes Mal etwa eine Handvoll Sauerteig bis zum nächsten Brotbacken auf. Dieses wird in einem Glas mit Schraubdeckel im Kühlschrank aufbewahrt und das nächste Mal als »Starter« wieder unter den neuen Teig gemischt. Der Sauerteig hält sich so etwa 1 Woche. Wer längere Zeit nicht bäckt, friert den Teigrest ein. Eine sehr simple Methode ist, eine Scheibe Sauerteigbrot im Mixer mit etwas Wasser zu Brei zu rühren und diesen unter den Teig zu mischen. Eine Scheibe reicht für etwa 1 kg Mehl.

Verwendung: Sauerteig ist das klassische Teiglockerungsmittel für Roggenbrote.

Angebotsformen: In seltenen Fällen bekommt man vom Bäcker etwas Sauerteig verkauft. Empfehlenswert ist der flüssige Natursauerteig aus dem Reformhaus oder Supermarkt, in Plastikfolie zu 150 g abgepackt. Im Reformhaus gibt es auch Sauerteig-Extrakt im 15 g-Päckchen.

Haltbarkeit: Fertigsauerteigprodukte aus dem Reformhaus sind ungekühlt bis zu 2 Jahre haltbar. Beachten Sie bitte die Mindesthaltbarkeitsdaten.

Sauerteig sorgt nicht nur für die lockere Krume und das Aroma im Brot. Er macht das Brot auch haltbarer. Sauerteigbrote halten sich bis zu einer Woche frisch.

Backferment

Dies ist ein spezielles Ferment auf der Basis von Bienenhonig, Hülsenfrüchten und Getreide. Hier sorgen Enzyme für die Lockerung im Teig. Außer dem Backferment benötigt man noch einen sogenannten Grundansatz – richten Sie sich bitte nach den Packungsangaben. Backferment wird für Weizen- und Roggenbrote verwendet. Sie bekommen es im Reformhaus. Haltbar ist es bis zu 5 Monate.

Brote aus Backferment sind ideal für Hefeallergiker. Denn sie enthalten überhaupt keine Backhefe.

KÜCHENTECHNIK

Keine Angst vor Hefe- und Sauerteig! Ein bißchen Geduld und Geschick erfordert die Brotbäckerei zwar schon, aber mit den zahlreichen Tips und Anleitungen gelingt Ihr Brot garantiert. Hier erfahren Sie, welche Geräte dabei eine Hilfe sind, was bei der Zubereitung des Teigs und beim Backen beachtet werden muß. Weitere wichtige Punkte und Wissenswertes rund ums Brot finden Sie übersichtlich auf Seite 28/29 in Stichworten von A–Z.

Getreidemühlen

Wer am Backen von Vollkornbrot Geschmack gefunden hat und regelmäßig Brot bäckt, für den ist eine Getreidemühle sicherlich eine lohnende Anschaffung. Frisch gemahlen sind Weizen, Roggen, Hafer usw. nicht nur am gesündesten, sie schmecken so auch am besten. Welche Mühle ist nun die Richtige? Das Angebot an Getreidemühlen in Reformhäusern, Naturkostläden und Haushaltswarenabteilungen ist mittlerweile ziemlich groß – hier einige Entscheidungshilfen: Ein elektrisch betriebenes Gerät sollte es schon sein, denn handbetriebene Mühlen mahlen zu langsam, Zeit- und Kraftaufwand wären zu groß.

Das Mahlwerk: Das Herz jeder Getreidemühle ist natürlich der Mahlstein. Stein oder Stahl? Das ist hier die Materialfrage. Meist empfiehlt sich ein Steinmahlwerk, denn es produziert ein sehr feines Mehl. Die Getreidekörner werden dabei zwischen zwei Mahlsteinen quetschend zerrieben. Der Vorteil ist, daß Materialien wie Naxos-Basalt und Magnesit nicht wie Stahl abstumpfen. Qualitativ besonders hochwertig ist der keramisch gebundene Korundstein. Mühlen, die damit ausgestattet sind, haben allerdings einen stolzen Preis. Einen Vorteil hat der Stahl dennoch, er kann auch Ölsaaten mahlen. Steine hingegen mahlen Ölsaat nur in Verbindung mit Getreide fein, sonst ist das Mahlergebnis eher grob. Falls Sie des öfteren Mais mahlen wollen, sollten Sie vorher fragen, ob die Mühle Ihrer Wahl diesem harten Getreidekorn auch gewachsen ist.

Der Motor: Ein weiterer wichtiger Punkt ist die Leistungsstärke des Motors. Wieviel Getreide mahlt die Mühle pro Minute und wie fein ist es? Für die Brotbäckerei sollte die Mühle 100 g Getreide pro Minute fein mahlen können. Mittlerweile gibt es sogar Mühlen, die als Zusatzfunktion auch Getreide flocken können. Übrigens, wer schon eine Küchenmaschine hat, sollte sich überlegen, ob er sich einen Getreidemahlvorsatz dazu kauft. Lassen Sie sich im Fachgeschäft beraten.

Rührmaschinen

Der Handrührer: Er erweist sich zum Kneten von Brotteig als zu schwach. Die Knethaken können lediglich beim Mischen der Zutaten und beim Vorkneten eine Hilfe sein. Aber das kräftige Durchkneten des Teigs muß danach von Hand oder mit einer leistungsstarken Küchenmaschine erfolgen.

Die Küchenmaschine: Achten Sie bereits beim Kauf darauf, daß die Maschine über einen entsprechend starken Motor, der auch Brotteig kneten kann, und über eine ausreichend große Rührschüssel verfügt.

Bei guten Maschinen paßt sich die Drehzahl automatisch den Anforderungen an. Eine solche Maschine spart Kräfte und auch Zeit. Vor allem bei Sauerteigen, die besonders lange geknetet werden müssen.

Nützliche Helfer

Backbrett: Zum Kneten des Teigs ist ein Backbrett aus Holz bestens geeignet. Aber auch die Arbeitsplatte aus Holz oder Kunststoff ist ideal. Arbeitsflächen aus Naturstein hingegen sind zu kalt, um darauf Brotteig zu kneten. In diesem Fall sollten Sie stets ein Backbrett aus Holz verwenden.

Küchentücher: Beim Gehenlassen muß der Teig unbedingt vor Zugluft geschützt sein. Zum Zudecken der Schüssel eignen sich Küchentücher aus Baumwolle oder Leinen.

Küchenwaage: Gerade Anfänger in Sachen Brotbäckerei sollten die ersten Male Mehl und Flüssigkeit ganz exakt abwiegen. Perfekt sind Küchenwaagen mit elektronisch gesteuerter Zuwiegeautomatik, die bis zu 2 kg abwiegen und eine ausreichend große Waagschale haben. Erfahrene Brotbäcker kommen meist auch mit einem einfachen **Meßbecher** bestens zurecht.

Schüssel: Zum Kneten und Gehenlassen des Teigs sind Schüsseln aus Steingut ideal, da sie die Temperatur gut halten können. Aber auch Schüsseln aus Edelstahl oder Plastik können verwendet werden. Achten Sie darauf, daß die Schüssel groß genug ist, damit Sie darin gut mit einer Hand kneten können.

Brotbackmaschine

Brotbacken im Schlaf? Die neuen Brotbackautomaten, die seit einiger Zeit auf dem Markt sind, machen es möglich. Die Zutaten werden in den Backbehälter gefüllt, Sie wählen das gewünschte Programm und beim Druck auf Start geht´s los: Die Maschine knetet und bäckt automatisch. Nach zwei bis vier Stunden ist das Brot dann fertiggebacken. Die Programmwahl richtet sich nach dem entsprechenden Brottyp. Die Programme unterscheiden zwischen Teigtyp Normal (helle Brote mit niedriger Mehltype) und Teigtyp Vollwert (Brote mit hohen Mehltypen oder Vollkornmehl). Bei manchen Maschinen kann man nach einem Signalton auch zu einem späteren Zeitpunkt Zutaten dazugeben, die am Anfang noch nichts im Teig verloren haben, wie etwa Rosinen oder geriebener Käse. Die besonders komfortablen Maschinen können bis zu 13 Stunden vorprogrammiert werden. Wenn Sie abends die Zutaten hineingeben und den entsprechenden Knopf drücken, werden Sie morgens mit dem Duft von frischem Brot geweckt.

Aber ein Alleskönner ist keine der Maschinen, einige Einschränkungen gibt es. So beschränkt sich das Fassungsvermögen meist auf 500 g Mehl, das heißt sie backen Brote bis zu einem Gewicht von etwa 750 g. Die Formenvielfalt hält sich in Grenzen, denn das Brot aus dem Automaten ist immer würfelförmig oder rechteckig. Als Backtriebmittel eignen sich lediglich Trockenhefe und Sauerteig. Frischhefe darf nicht verwendet werden.

Und wie steht's mit dem Backen von frischen Brötchen? In diesem Fall kann der Backautomat den Teig vorbereiten. Beim Brötchenformen muß man jedoch selbst Hand anlegen, sie müssen wie üblich zugedeckt gehen und werden dann ganz konventionell im vorgeheizten Backofen gebacken.

GRUNDREZEPT HEFETEIG

Grundsätzlich ist die Zubereitung eines Hefeteigs weniger aufwendig als die des Sauerteigs: Hefebrot geht schneller auf und hat in der Regel kürzere Backzeiten als Sauerteigbrot. Als Einsteiger sollten Sie deshalb mit einem Hefebrot beginnen. Weitere Tips rund ums Backen finden Sie ab Seite 26.

Der Hefeteig

Ideal für Hefebrote ist Weizenmehl. Es enthält das Klebereiweiß Gluten. Durch das Verkneten des Mehls mit Wasser wird der Kleber zum Quellen gebracht, dabei bildet sich im Teig eine Art Netz aus. Durch die Hefetätigkeit entstehen Gasbläschen, die wiederum eine Dehnung des Klebergerüsts bewirken. Der Teig kommt so zum Gehen und wird größer.
Damit der Teig gelingt, sollten Sie einige Dinge beachten.

Die Temperaturen: Alle Zutaten müssen Zimmertemperatur haben. Die Flüssigkeit zum Auflösen der Hefe sollte lauwarm sein. Ist sie zu heiß, verliert die Hefe ihre Triebkraft.
Die klassische Reihenfolge: Zuerst die Hefe nur mit Zucker, dann mit Wasser oder Milch und Mehl in Verbindung bringen. Fett und Salz dürfen erst später dazugegeben werden, denn beides kann die Hefe blockieren.
Das Kneten: Anfänger sollten ihre ersten Brote von Hand kneten, damit sie ein Gefühl für den Teig bekommen. Kräftesparender ist allerdings der Einsatz einer Küchenmaschine (Seite 21). Das Ziel ist immer ein glatter, elastischer Teig, der nicht mehr klebt.
Das Gehen des Teigs: Der Teig muß, um ihn vor Zugluft zu schützen, mit einem Tuch abgedeckt werden. So hält sich die Wärme besser und der Teig ist darüber hinaus vor dem Austrocknen geschützt. Die Zeitangaben zum Gehen sind immer nur ungefähre Angaben und temperaturabhängig. Je wärmer die Temperatur, desto schneller geht der Teig. Beim ersten Gehen sollte sich die Teigmenge verdoppeln, nach dem zweiten Gehen um ein Drittel vergrößern. Teige aus Vollkornmehl und fettreiche Teige gehen langsamer. Auf Seite 29 lesen Sie unter dem Stichwort Temperatur, was unter »Zimmertemperatur« und unter »warmem Ort« verstanden wird.

Die Zutaten

Für 1 helles Weizenbrot
Für 1 Kastenform von 28 cm Länge:
500 g Weizenmehl, Type 405
1/2 Würfel Hefe (21 g)
1 Prise Zucker
1/4 l lauwarmes Wasser
1 TL Salz
Und: Mehl zum Arbeiten
Fett für die Form

Die Zubereitung

Mit der Hand: Das Mehl in eine große Schüssel füllen, in der Mitte eine Mulde hineindrücken. Die Hefe in die Mulde bröckeln und mit Zucker bestreuen.

100 ml Wasser in die Mulde gießen. Wasser, Hefe und Zucker mit etwas Mehl vom Rand zu einem dünnflüssigen **Vorteig** verrühren. Zugedeckt an einem warmen Ort 10 Min. stehen lassen, bis Bläschen zu sehen sind. Dann hat sich die Hefe gelöst und ist bereit, ihre Triebwirkung zu entfalten.

Den Hefeansatz unter das Mehl mischen. Das Salz und nach und nach das restliche Wasser dazugeben und dabei mit den Knethaken des elektrischen Handrührers oder dem Kochlöffel unterrühren. Nun den Teig mit einer Hand in der Schüssel kneten, mit der anderen die Schüssel festhalten. Den Teig kneten, bis er sich vom Schüsselrand zu lösen beginnt.

Dann den Teig auf die bemehlte Arbeitsfläche geben und mit beiden Händen 5 Min. kräftig kneten, so daß er glatt und elastisch wird. Ist der Teig zu weich und klebrig, noch etwas Mehl hinzufügen.

Mit der Küchenmaschine: Die zerbröckelte Hefe in einer kleinen Schüssel separat mit dem Zucker und dem lauwarmen Wasser verrühren und zugedeckt gehen lassen. Mehl und Salz in die Rührschüssel geben, die gelöste Hefe und das restliche Wasser auf kleiner Stufe mit dem Mehl vermischen, dann bei mittlerer Geschwindigkeit verkneten.

Das weitere Vorgehen: Den Teig in der Schüssel zugedeckt an einem warmen Ort 45 Min. gehen lassen, bis er sich verdoppelt hat.

Die Form einfetten. Den Teig mit bemehlten Händen vom Schüsselrand lösen. Auf der leicht bemehlten Arbeitsfläche gründlich durchkneten, um so die Luftblasen herauszuschlagen. Der Teig soll wieder glatt und elastisch sein. Den Teig in die Form füllen und darin zugedeckt an einem warmen Ort 45 Min. gehen lassen. Die Oberfläche mit einer Gabel mehrmals einstechen.

Den Backofen auf 200° vorheizen. Das Brot darin (Mitte, Umluft 180°) 45 Min. backen.

Die Varianten

Für den Vorteig kann die Hefe auch in einer Tasse mit etwas Wasser aufgelöst werden. Dann die Hefelösung in die Mulde gießen, die man ins Mehl gedrückt hat und mit etwas Mehl vom Rand verrühren.
In vielen unserer Brotrezepte wird gar kein klassischer Vorteig zubereitet. Die Hefe wird in wenig lauwarmem Wasser aufgelöst, mit allen Zutaten gleich verknetet und dann läßt man den Teig das erste Mal gehen. Für diese schnellere Methode muß die Hefe aber absolut frisch sein!
Mit Trockenhefe: 1 Päckchen Trockenhefe mit Mehl vermischen, dann Wasser und Salz einarbeiten. Der Vorteig entfällt.
Mit Vollkorn: Wenn Sie das Brot mit Weizen-Vollkornmehl zubereiten, benötigt der Teig mehr Flüssigkeit, etwa 350 ml. Er ist schwieriger zu kneten, da er weicher ist, außerdem geht er länger. Allerdings reicht zum Gehen Zimmertemperatur aus.

GRUNDREZEPT REINER SAUERTEIG

Für Sauerteigbrot eignet sich im Prinzip jedes Mehl. Unerläßlich ist Sauerteig bei reinen Roggenbroten. Am einfachsten ist es, den Sauerteig-Ansatz fertig zu kaufen oder einen zurückbehaltenen Teigrest einzusetzen (Seite 19). Etwas aufwendiger ist es, sich einen Starter für den Sauerteig selbst herzustellen (Rezept unten).
Grundsätzlich unterscheidet man zwischen **reinem Sauerteigbrot** und **Brot aus Sauerteig und Hefe,** das eine lockerere Konsistenz hat. Die Sauerteig-Hefe-Kombination wird gerne für Mischbrote aus Roggen- und Weizenmehl verwendet. Ungeübte sollten besser zuerst ein solches Brot backen, denn der Umgang mit einem Teig der aus reinem Roggenmehl und nur mit Sauerteig zubereitet wird, gestaltet sich etwas aufwendiger: Der Teig ist klebriger und somit besonders mit der Hand schwerer zu kneten, die Gehzeiten sind erheblich länger.

Sauerteig-Ansatz

150 g Roggenmehl, Type 1370 oder Roggen-Vollkornmehl
150 ml lauwarmes Wasser
1 EL zimmerwarmer Joghurt oder Sauermilch

Am ersten Tag 75 g Mehl mit 75 ml Wasser und dem Joghurt mit einem Rührlöffel glattrühren. Am besten, Sie verwenden hierzu eine kleine Plastikschüssel oder ein Glas mit Deckel. Verschlossen 24 Std. an einem warmen Ort stehen lassen.

Am zweiten Tag den Ansatz umrühren. Verschlossen weitere 24 Std. an einem warmen Ort stehen lassen.

Am dritten Tag restliches Mehl und Wasser untermischen. Verschlossen weitere 24 Std. an einem warmen Ort stehen lassen. Danach ist der Sauerteig-Ansatz gebrauchsfertig.

Verwendung: Der Ansatz hält sich verschlossen etwa 1 Woche im Kühlschrank oder in einem Frischhaltebeutel 3 Monate im Tiefkühlfach.

Sauerteig für reines Roggenbrot

Damit der Teig gelingt, sollten Sie wieder folgendes beachten.
Die Temperatur: Alle Zutaten, auch die Flüssigkeit und vor allem der Sauerteig-Ansatz müssen zimmerwarm sein.
Das Kneten: Das Kneten des Teigs mit der Küchenmaschine (5 Min.) spart Zeit und Kraft. Beim Kneten von Hand muß der Teig mit beiden Händen gute 10 Min. kräftig auf der bemehlten Arbeitsfläche geknetet werden, bis ein glatter Teig entsteht.
Der Restteig: Denken Sie daran, eine Handvoll Teig für das nächste Brotbacken beiseite zu legen. Dieser hält sich wie der selbstgemachte Ansatz verschlossen im Kühlschrank 1 Woche.

Die Zutaten

1 selbstgemachter Sauerteig-Ansatz (siehe Rezept) oder
2 Päckchen flüssiger Natursauerteig (je 150 g, aus dem Reformhaus)
650 ml lauwarmes Wasser
1 kg Roggenmehl, Type 1150
2 TL Salz

Die Zubereitung

Mit der Küchenmaschine: Sauerteig-Ansatz mit 100 ml Wasser und 2 EL Mehl separat in einer kleinen Schüssel anrühren und über Nacht an einem warmen Ort zugedeckt gehen lassen. Das Mehl und Salz in die Rührschüssel der Küchenmaschine geben. Den Sauerteig-Ansatz dazugeben. Bei langsamer Geschwindigkeit kneten. Nach und nach das Wasser dazugießen und alles bei mittlerer Geschwindigkeit verkneten. Dann etwa 5 Min. weiter kneten, bis der Teig elastisch und glatt ist. Ist der Teig zu weich, noch etwas Mehl unterkneten, ist der Teig zu fest, noch etwas Wasser unterarbeiten.

Mit der Hand: Mehl in eine große Schüssel geben. Eine Mulde formen, den Sauerteig-Ansatz hineingeben und mit etwas Mehl verrühren.
Die Schüssel mit Klarsichtfolie zudecken, damit keine Flüssigkeit verdunsten kann, und das ganze über Nacht an einem warmen Ort gehen lassen. Danach sämtliche Zutaten in der Schüssel mit einem Rührlöffel oder den Knethaken eines Handrührers vermischen. Anschließend die Zutaten mit einer Hand verkneten.

Dann den Teig auf die bemehlte Arbeitsplatte geben und mit beiden Händen etwa 10 Min. kräftig kneten, bis er nicht mehr klebt. Dabei die Hände immer wieder gut bemehlen.

Das weitere Vorgehen: Den Teig in eine bemehlte Schüssel geben. Die Schüssel mit Frischhaltefolie bedecken und den Teig an einem warmen Ort 2–3 Std. gehen lassen, bis er sich verdoppelt hat. Anschließend den Teig in der Schüssel mit bemehlten Händen nochmals kräftig durchkneten.

Den Teig zu einem runden Laib formen, dabei rundum einmehlen, damit er nicht klebt. Ein Küchentuch mit Mehl bestäuben und den Laib daraufsetzen. Das Tuch darüber schlagen. Oder den Teig in einen bemehlten Brotkorb (Seite 25) geben und zudecken. Den Laib nochmals 2–3 Std. gehen lassen. Den Backofen auf 250° (Umluft 220°) vorheizen. Das Backblech einfetten.

Den Laib auf das Backblech setzen, rundum mit Wasser bepinseln und mit einer Gabel mehrmals einstechen, damit die Oberfläche nicht reißt.

Das Blech auf die untere Schiene schieben. Eine feuerfeste Schale mit kochend heißem Wasser in den Backofen stellen. Das Brot 15 Min. backen. Die Temperatur auf 200° (Umluft 180°) herunterschalten. Das Brot 50 Min. weiterbacken. Den Ofen ausschalten und das Brot noch 10 Min. im Ofen ruhen lassen.

GRUNDREZEPT SAUERTEIG MIT HEFE

Das Mischbrot

Auch beim Mischbrot aus Sauerteig und Hefe gibt es wichtige Tips für das Gelingen des Teigs:

Die Temperatur: Alle Zutaten, auch der Sauerteig-Ansatz, sollten zimmerwarm sein. Die Flüssigkeit für den Hefe-Vorteig sollte lauwarm sein.

Die richtige Reihenfolge: Zuerst den Hefeteig zubereiten, dann den Sauerteig-Ansatz untermischen.

Der Restteig: Denken Sie daran, eine Handvoll Teig für das nächste Brotbacken beiseite zu legen. Dieser hält sich im Kühlschrank in einem Schraubglas oder einer Plastikschüssel 1 Woche. So ersparen Sie sich die 4 Tage für einen neuen Teigansatz.

Die Zutaten

500 g Weizen-Vollkornmehl
500 g Roggenmehl, Type 1370
1 Würfel Hefe (42 g)
1 Prise Zucker
etwa 600 ml lauwarmes Wasser
1/2 Rezept Sauerteig-Ansatz (Seite 23) oder
1 Handvoll Resteig oder
1 Päckchen flüssiger Natursauerteig (150 g, aus dem Reformhaus)
2 TL Salz
Und: Mehl zum Arbeiten
Fett für das Backblech

Die Zubereitung

Mit der Hand: Das Mehl in einer großen Schüssel mischen, in die Mitte eine Mulde hineindrücken. Die Hefe in die Mulde bröckeln und mit Zucker bestreuen. 150 ml Wasser darübergießen und mit etwas Mehl vom Rand zu einem breiartigen Vorteig verrühren. Zugedeckt an einem warmen Ort 10–15 Min. gehen lassen, bis Bläschen zu sehen sind.

Den Vorteig mit dem restlichen Mehl mit Hilfe eines Rührlöffels oder der Knethaken des Handrührers vermischen und dabei das weitere Wasser, den Sauerteig und das Salz dazugeben. Den Teig mit einer Hand oder mit den Knethaken in der Schüssel kneten.

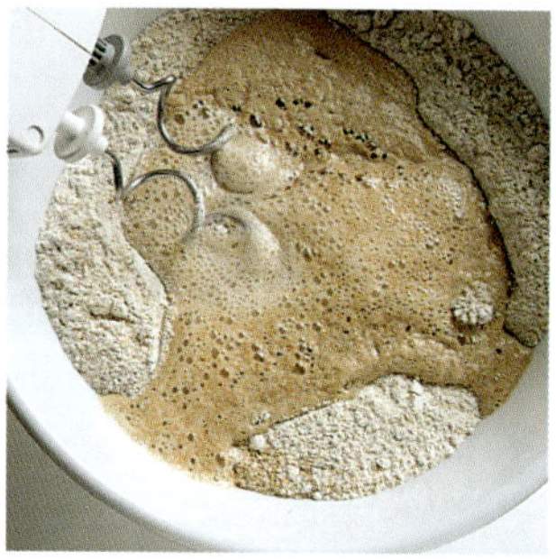

Den Teig auf der bemehlten Arbeitsfläche mit beiden Händen 5–10 Min. kräftig durchkneten, bis er glatt und elastisch ist.

Mit der Küchenmaschine: Zerbröckelte Hefe, 1 Prise Zucker, 150 ml Wasser und 2 EL Weizenmehl in einer kleinen Schüssel verrühren. Den Hefe-Vorteig zugedeckt an einem warmen Ort 10 Min. gehen lassen. Das Mehl und das Salz in die Rührschüssel geben. Hefe-Vorteig und etwas Wasser bei langsamer Stufe unterkneten. Den Sauerteig und nach und nach das Wasser unterkneten. Den Teig mit den Knethaken bei mittlerer Geschwindigkeit 3–5 Min. kneten, bis er glatt und elastisch ist.

Das weitere Vorgehen: Den Teig zugedeckt in einer Schüssel 1 1/2 Std. gehen lassen, bis er sich verdoppelt hat. Den Teig auf der Arbeitsplatte nochmals 1 Min. durchkneten und dabei die Luftblasen herausdrücken.

Einen länglichen glatten Laib formen und mit etwas Mehl bestäuben. Den Laib auf ein gefettetes Backblech setzen und zugedeckt nochmals 50 Min. bei Zimmertemperatur gehen lassen.

Den Backofen auf 250° (Umluft 220°) vorheizen. Die Oberfläche des Laibs mit Wasser bepinseln und mit einer Gabel Löcher einstechen.

Das Blech auf die untere Schiene des Backofens schieben. Eine feuerfeste Schale mit kochend heißem Wasser dazu stellen. Nach 15 Min. Backzeit die Temperatur auf 200° (Umluft 180°) herunterschalten. Das Brot in 1 Std. fertig backen.

Varianten

Mit Gewürzen: 2 EL Kümmel, Fenchel oder Anis einkneten.

Mit Buttermilch: Die Hälfte des Wassers durch Buttermilch ersetzen, das macht das Brot noch lockerer und herzhafter.

Brötchen: Die Hälfte des Teigs zubereiten. Den Teig zu einem Strang rollen, in 15 Stücke teilen, daraus Brötchen formen (Seite 25). Auf ein gefettetes Backblech legen und zugedeckt 20 Min. gehen lassen. Die Brötchen mit einem Messer einschneiden, mit Wasser bepinseln und im auf 225° vorgeheizten Ofen (Mitte, Umluft 200°) in 25 Min. goldgelb backen.

Rezeptideen

Schinken in Brotteig: Dieser Mischbrotteig eignet sich sehr gut für Schinken in Brotteig. Hierfür die Hälfte des Teigs zubereiten. Den Teig etwa 1 cm dick ausrollen. 1 kg vorgegarten Rollschinken (beim Metzger vorbestellen) aus dem Netz nehmen. Den Schinken auf den Teig legen und darin einschlagen. Dann mit der Nahtseite nach unten auf das Backblech legen. Die Teigoberfläche mit Wasser bepinseln und mit einer Gabel einstechen. Den Schinken im Brotteig im auf 175° vorgeheizten Backofen (unten, Umluft 160°) 45 Min. backen.

Flammenkuchen: Ein Viertel der oben angegebenen Teigmenge zubereiten. Den Teig mit dem Nudelholz (2–3 mm dünn) auf die Größe eines Backblechs ausrollen. Den Teig auf das gefettete Blech geben, mit einem Küchentuch zugedeckt 30 Min. gehen lassen. Mit 125 g Sauerrahm bestreichen und mit Salz und nach Belieben mit Kümmel würzen. Den Flammenkuchen im auf 175° vorgeheizten Backofen (Mitte, Umluft 160°) 20 Min. backen.

DEN TEIG IN FORM BRINGEN

Viele Wege führen dahin, daß aus dem Teig schließlich Laibe oder Brötchen werden. Die Formenvielfalt ist unendlich groß.

Brote formen

Lange als auch runde Laibe können sowohl mit als auch ohne Form entstehen.
Bei der Methode **ohne Form** wird der Laib lediglich von Hand in eine runde oder längliche Form gebracht. Geformt wird auf dem bemehlten Backbrett oder der Arbeitsplatte. Der Vorteil beim Backen ohne Form liegt darin, daß das Brot rundum eine knusprige Kruste entwickeln kann.

Arbeitet man **mit Formen,** so gibt es zahlreiche Möglichkeiten. Für alle Formen gilt: Sie dürfen niemals zu kalt sein, sondern müssen stets Zimmertemperatur haben. Außerdem dürfen sie nicht zu hoch gefüllt werden, da der Teig ja noch Platz zum Aufgehen braucht. Die Formen zum Backen müssen stets eingefettet werden. Dafür eignet sich Butter, für deftige Brote auch Schweineschmalz.

Brot- oder Backkörbe
Sie sind aus Weide oder Peddigrohr und dienen dazu, die Laibe vor dem Backen in Form zu bringen. Der Teig wird in die bemehlten Körbe gegeben. Während der Teig geht, nimmt er die Form und das Muster des Korbs an.

Danach wird der Laib auf das Blech gestürzt und ohne Form gebacken. Runde und längliche Brotkörbe gibt es in Haushaltswaren- und Korbgeschäften.
Tip: Wer keinen Brotkorb hat und sein Brot ohne Form backen will, kann bei runden Laiben während des Gehens auch einen Tortenring um den Laib stellen, so bleibt er in Form. Eine andere Möglichkeit ist, den geformten Laib in ein bemehltes Tuch zu geben und so in eine runde oder ovale Schale zum Gehen zu setzen. Zum Backen den Laib dann auf das Blech stürzen.

Brotlaibe einschneiden
Besonders schön werden Brote, wenn sie eine Oberfläche mit Muster haben. Hierfür eignet sich ein scharfes, nasses Messer. Der richtige Zeitpunkt zum Einschneiden ist, wenn der Laib bereits geformt, aber noch nicht voll aufgegangen ist. Die Schnitte sind 1/2–1 cm tief.
Hier einige Schnittmuster als Beispiele:
- Längliche Laibe mehrmals quer einschneiden.
- Runde Laibe gitterartig einschneiden.
- Runde oder längliche Laibe mit einer Schere einschneiden.

Brotbackformen aus Eisenguß oder Steinkeramik
Diese eignen sich besonders gut, da sie die Hitze sehr gut speichern. Vor dem Backen einfetten und mit Mehl ausstäuben. Solche Formen bekommt man in Haushaltswarengeschäften.

Kastenformen
Formen aus Schwarzblech sind vor allem für den Elektroherd geeignet. Da sie die Wärme gut leiten, eignen sie sich bestens für Brot. Formen aus Weißblech sind ideal für Gasherde. Werden hingegen im Elektroherd Weißblechformen verwendet, kann sich die Backzeit um 5–10 Min. verlängern. Kastenformen gibt es in Größen zwischen 20 und 35 cm Länge. Bevor der Teig hineinkommt, die Form gut einfetten und mit Mehl ausstäuben.

Tontopf
Der Tontopf mit Deckel (z. B. ein Römertopf) eignet sich vor allem zum Backen von rustikalen Broten mit Sauerteig. Wichtig: Der Topf muß vorher gewässert werden. Dann gibt er während des Backens Feuchtigkeit ab, so daß in diesem Fall die Schale mit kochend heißem Wasser entfällt. Außerdem muß der Teig im Tontopf in den **kalten Backofen** geschoben werden.

Brötchen formen

Den Teig zu einer Rolle formen, so läßt er sich am besten in gleich große Stücke schneiden. Daraus lassen sich runde oder ovale Brötchen formen. Hier einige klassische Beispiele.
Kaisersemmeln: Runde Brötchen vor dem Backen mit dem Messerrücken sternförmig eindrücken. Hierfür kann man sogar einen Kaisersemmelstupfer in Haushaltswarengeschäften kaufen.
Sternsemmeln: Eigentlich müßten sie Kreuzsemmeln heißen, denn hier werden die runden Brötchen mit dem Messer über Kreuz eingedrückt.
Baguettebrötchen: Längliche Brötchen, die etwas größer sind, mehrmals quer mit dem Messer eindrücken.
Kleine Knoten oder auch »Schwäbische Seelen« genannt: Einen Teigstrang spiralig aufdrehen.
Zöpfchen: Drei Teigstränge werden miteinander verflochten.

Sehr beliebt ist auch die **Partysonne:** Kleine runde Brötchen werden nebeneinander als Sonne auf ein gefettetes Blech gesetzt und mit Gewürzen, Mohn, Sesamsamen usw. bestreut.

Brötchen bestreuen
Werden die Brötchen mit Kernen oder Samen bestreut, müssen sie vorher mit Flüssigkeit bepinselt werden, je nach Rezept mit Wasser, Milch oder Eigelb. Oder sie werden mit einem Wassersprüher kurz angesprüht. Danach mit den Kernen oder Samen bestreuen. Oder Sie streuen die Sonnenblumenkerne usw. auf die Arbeitsfläche und wälzen die Brötchen darin.

Erst das Garen im Backofen macht aus den Teigstücken knusprige Backwerke. Früher wurde das Brot in großen Steinbacköfen mit Holzfeuer im dörflichen Backhaus oder beim Bäcker gebacken. Heute geht das natürlich auch im normalen Küchenherd. Dabei ist zu beachten, daß sich die Backzeiten je nach Backofen verlängern oder verkürzen können. Jeder Backofen ist anders und unsere Zeitangaben sind immer nur Richtwerte. Schauen Sie auf jeden Fall schon vor Ende der angegebenen Zeit in den Ofen und beachten Sie die Tips zum Backen auf dieser Seite.

Ober- und Unterhitze oder Heißluft?

Bei Ober- und Unterhitze erfolgt die Wärmeübertragung durch Wärmestrahlung von oben und unten. Bis die gewünschte Temperatur erreicht wird, muß beim Elektroherd etwa 15 Min. vorgeheizt werden. Bei eingeschaltetem Heißluftsystem, auch Umluft genannt, wird heiße Luft durch einen Ventilator umgewälzt Hier dauert die Vorheizphase etwa 5 Min. Die Backtemperaturen liegen bei Heißluft rund 20–30° niedriger. Orientieren Sie sich bitte an der Tabelle auf Seite 6. Die Backzeiten können sich leicht verlängern, die Bräunung erfolgt langsamer. Für Ober- und Unterhitze eignen sich alle Brote und Brötchen. Heißluft hat beim Backen von Brötchen den Vorteil, daß gleichzeitig mehrere Bleche eingeschoben werden können. Für große Brote und solche, die ohne Formen gebacken werden, eignet sich die Heißluft nicht so sehr. Hier ist die Ober- und Unterhitze vorzuziehen.

Vor dem Backen

Das Vorheizen des Ofens: Beim Backen von Brot und Brötchen sollte stets vorgeheizt werden. Auch die Heißluft sollte schon etwa 5 Min., bevor das Backgut eingeschoben wird, eingestellt werden.
Das Einfetten von Backblech oder Form: Dies ist unbedingt erforderlich, sonst kleben Brot oder Brötchen später an.
Das Einstechen des Teigs: Die Oberfläche des Teigs vor dem Backen mit einer Gabel mehrmals einstechen oder mit einem Messer einschneiden, dann reißt die Kruste nicht so leicht.
Das Bestreichen des Teigs mit Wasser: Die Teigoberfläche mit Hilfe eines Backpinsels gleichmäßig mit Wasser oder je nach Rezept mit Eigelb oder Milch bestreichen. Das gibt Brot und Brötchen zusätzlich Feuchtigkeit und die Teighaut reißt beim Backen nicht so leicht.

Das Backen

Die Temperaturen: Einige Brote und Brötchen benötigen während des Backvorgangs gleichbleibende Temperaturen. Andere, vor allem größere Brote, werden mit absteigenden Temperaturen gebacken. Hohe Temperaturen am Anfang verbessern die Krustenbildung. Halten Sie sich beim ersten Mal genau an die Angaben im Rezept und verändern Sie die Werte dann Ihren eigenen Erfahrungen mit Ihrem Herd entsprechend. Falsche Temperaturen wirken sich folgendermaßen aus: Bei zu niedriger Backtemperatur trocknet das Brot aus und bräunt nicht. Zu hohe Backtemperaturen lassen das Brot außen zu dunkel und rissig werden, während es innen noch nicht gar ist.
Einschubhöhe: Richten Sie sich dabei stets nach den Angaben im Rezept. Ist Ihr Brot nach der angegebenen Backzeit oben braun und knusprig und unten noch zu hell, dann decken Sie es oben ab und lassen Sie es auf der unteren Schiene nochmals 5–10 Min. nachbacken. Ist es hingegen oben zu hell und unten richtig, dann backen Sie es auf der oberen Schiene nach.
Dampf: Vor allem für Sauerteigbrote und Brote aus Vollkornmehl ist ausreichend Feuchtigkeit für das Gelingen wichtig. Dies verhindert eine vorzeitige Verhärtung der Kruste. Ganz wenige, besonders komfortabel ausgestattete Herde verfügen über Dampfdüsen. Wer diese nicht hat, macht Brot und Brötchen auf folgende Weise Dampf: Stellen Sie eine feuerfeste Schale mit kochend heißem Wasser auf den Backofenboden, oder falls das Brot auf der untersten Schiene bäckt, direkt mit auf das Blech. Kontrollieren Sie zwischendurch, ob noch genügend Wasser darin ist, gegebenenfalls heißes Wasser nachfüllen. Eine andere Möglichkeit, Dampfschwaden im Backraum zu erzeugen ist, bei sehr hoher Backtemperatur eine Tasse heißes Wasser auf den Herdboden zu gießen. Der Nachteil dieser Maßnahme kann sein, daß bei kalkhaltigem Wasser eine schwer zu entfernende Kalkkruste am Herdboden entsteht.
Die Backzeit: Da die einzelnen Herde sehr unterschiedlich sind, kann diese schwanken. Sammeln Sie Erfahrungswerte mit Ihrem Backofen. Beobachten Sie Ihr Brot, wenn sich die angegebene Backzeit dem Ende nähert. Ist es zu hell oder zu dunkel, siehe Einschubhöhe. Machen Sie auf jeden Fall eine Garprobe, siehe unten.

Nach dem Backen

Die Garprobe: Als erstes machen Sie die **Holzstäbchenprobe.** Stechen Sie mit einem Holzstäbchen ins Brot. Ist das Brot gar, bleibt das Stäbchen trocken. Letzte Sicherheit gibt Ihnen die **Klopfprobe:** Nehmen Sie das Brot mit Hilfe eines Topflappens aus dem Ofen und der Form und klopfen Sie mit den Fingern auf die Unterseite.
Brot und Brötchen sind durchgebacken, wenn sie hohl klingen. Ist Ihr in der Form gebackenes Brot außen noch feucht, so geben Sie es ohne Form, möglichst mit der Unterseite nach oben nochmals 5 Min. zum Nachbacken in den Ofen.
Das Abkühlen: Brot oder Brötchen auf einem Kuchengitter oder einem Rost vom Backofen völlig auskühlen lassen. Manche Brote schmecken besser, wenn sie in ein Küchentuch eingeschlagen abkühlen, achten Sie bitte auf die Angaben im Rezept.

VORRATSHALTUNG VON BROT UND BRÖTCHEN

Das kurzfristige Aufbewahren

Die Grundregel lautet: Das Brot trocken, kühl und luftig lagern. Denn Brotlaibe brauchen Luft zum Atmen, sonst staut sich die Feuchtigkeit, und das Brot beginnt leicht zu schimmeln. Auf der anderen Seite soll das Brot vor dem Austrocknen bewahrt werden. Folgende Behälter sind geeignet, das Brot kurzfristig frisch zu halten.

Der Brottopf: Es gibt Töpfe aus Steingut und aus Ton. Diese Materialien können die Feuchtigkeit auffangen, so daß diese sich nicht stauen kann und geben sie wieder ans Brot ab, so daß es nicht austrocknet. Luftlöcher sorgen für gute Belüftung. Brottöpfe in unterschiedlichen Farben und Größen gibt es in Haushaltswarengeschäften und manchen Bäckereien.

Der Brotkasten: Hier gibt es verschiedene Ausführungen aus Edelstahl und Holz. Achten Sie darauf, daß auch hier Luftschlitze vorhanden sind.

Der Brotbeutel: Er besteht meist aus einem Baumwollstoff, der mit einer perforierten Plastikfolie vernäht ist. So trocknet das Brot nicht aus und bekommt dennoch Luft. Nicht geeignet sind einfache Stoffbeutel mit nostalgischen Motiven. Die sind zwar hübsch, erfüllen aber ihren Zweck nicht. Sie sind reine Dekoration.

Der Frischhaltebeutel: Diese eignen sich für Brötchen und bewahren sie etwa einen Tag lang davor, altbacken zu werden. Danach müssen Brötchen auf dem Brötchenaufsatz des Toasters oder im Ofen aufgebacken werden, um wieder knusprig zu werden.

Tips

- Brotbehälter müssen regelmäßig alle 1 bis 2 Wochen mit Essigwasser ausgewaschen werden. Das hilft gegen Schimmel. Anschließend gut abtrocknen.
- Der Kühlschrank ist für die Aufbewahrung von Brot und Brötchen ungeeignet, denn bei Kälte verdunstet die Flüssigkeit besonders schnell, die Backwaren werden altbacken. Nur bei extremen Witterungsbedingungen wie hohe Temperaturen und hohe Luftfeuchtigkeit ist der Kühlschrank eine Alternative.

Was tun bei Schimmel

Verschimmelte Brotstellen sind sehr gesundheitsschädlich, da sie die hochgiftigen Schimmelpilze Aflatoxine enthalten. Bei ganzen Laiben die betroffenen Stellen sehr großzügig wegschneiden. Sind geschnittene Brotscheiben oder Brötchen damit befallen, diese wegwerfen. Sie sollen auch nicht mehr an Tiere verfüttert werden. Anschließend den Brotbehälter gründlich mit Essigwasser reinigen.

Die Haltbarkeit von Broten und Brötchen

Sauerteigbrote mit hohem Roggenanteil und Vollkornbrote halten sich am längsten, bis zu 10 Tagen. Helle Weizenbrote hingegen bleiben etwa 2 Tage frisch. Brötchen halten sich in der Papiertüte höchstens einen halben Tag und einen Tag in der Frischhaltefolie. Für den längerfristigen Vorrat müssen sie tiefgefroren werden.

Das Tiefkühlen

Brote und Brötchen sollten so bald wie möglich nach dem Backen eingefroren werden, aber unbedingt warten, bis sie abgekühlt sind. Große Brotlaibe vorher in Hälften oder Viertel portionieren. Praktisch sind auch Scheiben, die dann bei Bedarf in der entsprechenden Menge entnommen werden. Tauen Sie nicht zu viel Brot auf, denn aufgetautes Brot altert etwas schneller als frisches. Auch bei Brötchen ist es ideal, die Anzahl zusammen einzufrieren, die man erfahrungsgemäß für ein Frühstück braucht. Zum Verpacken von Brot und Brötchen eignen sich Gefrierbeutel mit den entsprechenden Clips. Beim Einfüllen immer die Luft sorgfältig herausstreichen.

Das Auftauen und Aufbacken

Backwaren können bei Zimmertemperatur langsam auftauen. Ganze Brote brauchen bis zu 10 Std., Brötchen bis zu 5 Std. Dabei Brot und Brötchen unbedingt im Beutel lassen, damit sie nicht austrocknen. Schneller geht der Auftauprozeß in der Mikrowelle. Ein Brötchen braucht etwa 1 Min., ein 500 g-Brot etwa 8 Min. Damit das Backwerk wieder knusprig wird, muß es nochmals aufgebacken werden. Brötchen werden auf dem Toaster wieder kross. Ganze Brote bei 200° etwa 10 Min. in den Backofen geben.

Die Verwertung von Brot und Brötchenresten

Es gibt zahlreiche Rezepte, bei denen Brotreste nochmals gut rauskommen. Arme Ritter, Semmelknödel, Brotsuppe und -eintopf sind nur einige Beispiele. Einige Rezepte finden Sie in diesem Buch. Eine andere Möglichkeit ist, aus den altbackenen Resten Semmelbrösel zu machen. Hierfür das angetrocknete Brot nicht zu hart werden lassen, sondern rechtzeitig in Scheiben schneiden. Dann gut trocknen lassen und am besten in der Küchenmaschine mit dem passenden Einsatz reiben. Eine besondere Delikatesse sind Brösel von Brioches. Sie eignen sich hervorragend für Füllungen und zum Bestreuen von Gratins.

WICHTIGE STICHWORTE VON A–Z

Backpulver

Ein chemisches Backtriebmittel, das beim Brotbacken keine große Rolle spielt. Backpulver wird aus Natron und sauren phosphathaltigen Salzen chemisch hergestellt. Auch hier wird das Gas Kohlendioxid zur Teiglockerung freigesetzt, aber erst beim Backprozeß. Ein Gehen des Teigs vor dem Backen ist also nicht möglich. Eine Alternative zum herkömmlichen Backpulver ist das **Weinsteinbackpulver.** Es ist phosphatfrei und enthält weinsaure Salze. Beides läßt sich für helle Weizenbrote verwenden, vor allem, wenn noch Eier und Fett mit im Teig sind. Auch für Mischungen mit Haferflocken oder Maismehl kommt es manchmal zum Einsatz.

Buttermilch

Damit wird der Teig besonders locker, und das Brot bekommt einen feinen Geschmack. Vor allem Teige mit Roggenmehl gelingen mit Buttermilch besonders gut, da der Kleber Säure braucht. Einen ähnlich lockernden Effekt haben auch Sauermilch, Molke, Quark und Joghurt.

Brotfehler

Die möglichen Ursachen bei fogenden unbefriedigenden Ergebnissen:

Trocken und krümelig: Zu kurze Knetzeit, zu kurzes Gehen, zu fester Teig durch zuviel Mehl, zu hohe Backtemperatur, zuviel Hefe.

Feuchte Krume: Zu kurze Backzeit, zu niedrige Ofentemperatur.

Hohle Krume: Zuviel Wasser, zu hohe Backtemperatur, zu fester Teig.

Ungleichmäßige Krume: Zu wenig und zu schwach geknetet.

Krustenrisse: Teighaut während des Gehens ausgetrocknet, eventuell zu langes Gehen, beim Backen zu wenig Dampf im Backofen.

Zu kleines Brot: Zu fester Teig, zu kurzes Gehen, zu kalter Teig.

Brotgewürz

Das Brot kann mit einzelnen Gewürzen aromatisiert werden oder mit einer Mischung. Sehr gut schmeckt folgende Kombination, die Sie sich selbst mischen können: 5 EL ganzer Kümmel, 2 EL grob gemahlener Koriander, je 1 EL ganze Anis- und Fenchelsamen. Diese Mischung reicht je nach gewünschter Geschmacksintensität für 4–5 kg Mehl und paßt besonders gut zu kräftigen Misch- oder Roggenbroten. Brotgewürz können Sie auch fertig gemischt im Reformhaus oder Naturkostladen kaufen. Es enthält ebenfalls Anis, Fenchel, Koriander und Kümmel und ist ganz oder gemahlen zu haben. Wer die Gewürze ganz kauft, kann sie zusammen mit dem Getreide in der Getreidemühle mitmahlen. Außer Koriander, der grob gestoßen wird, können die Gewürze auch im Ganzen verwendet werden. Wer die Gewürze gemahlen verwendet, benötigt eine geringere Menge. Achten Sie auf die Angaben im Rezept.

Feinheitsgrad

Dieser gibt darüber Auskunft, wie grob oder fein das gemahlene Getreide ist. Grob gemahlene Getreidekörner heißen Schrot, feingemahlene Mehl. Die Zwischenstufen heißen Grieß und Dunst. Haufig wird auch bei Schrot und Mehl nochmals in grob, mittel und fein unterschieden.

Fett

Bei einigen Broten kommt Butter in den Teig. Diese wird meist zerlassen unter die anderen Teigzutaten gemischt. Auch Öl kommt in einigen Rezepten vor: Olivenöl oder Nußöle sorgen für besonders gutes Aroma. Je fettreicher der Teig ist, desto mehr Hefe benötigt er und desto langsamer geht er. Beim Backen in der Form muß diese stets eingefettet werden. Dafür eignet sich Butter oder Butterschmalz, bei deftigen Broten auch Schweineschmalz.

Gewicht

Das gebackene Brot ist immer leichter als das Gewicht der Zutaten vor dem Backen. Der Grund: Ein Teil der Feuchtigkeit verdunstet. Der Gewichtsverlust beträgt 10–12 Prozent.

Grahammehl

Dieses Mehl ist nach dem amerikanischen Arzt benannt, der das Graham-Brot einführte. Bei dem Mehl handelt es sich um ein Weizen-Vollkornmehl. Grob gemahlen ist es auch als Graham-Schrot in Reformhäusern zu kaufen.

Mehltype

Diese Zahl informiert über den Ausmahlungsgrad des Getreides. Bestimmend ist der sogenannte Aschegehalt, der unverbrennbare Anteil des Mehls. Die Mehltype gibt an, wieviel unverbrennbare Bestandteile, also Mineralstoffe, nach der Verbrennung von Mehl übrigbleiben. Je höher die Mehltype, desto höher ist der Ausmahlungsgrad und desto mehr Mineralstoffe sind darin enthalten: In der Mehltype 405 kommen beispielsweise auf 100 g Mehl 405 mg Mineralstoffe. Die Mehltype 1050 hingegen enthält 1050 mg pro 100 g Mehl. Mehl mit hoher Typenzahl ist dunkler und enthält außer mehr Mineralstoffen auch mehr Vitamine und Ballaststoffe. Bei Weizenmehl gibt es folgende Typen: 405, 550, 812, 1050, 1600. Bei Roggenmehl: 815, 997, 1150, 1370, 1700. Vollkornmehl wird in der Regel ohne Typenangabe angeboten.

Mehrkorn-mischung

Sowohl Körner als auch Mehl gibt es bereits als Mischung zu kaufen. Beliebt ist die Sechskornmischung aus Weizen, Roggen, Hafer, Gerste, Buchweizen und Hirse. Ernährungsphysiologisch ist eine solche Mischung günstig, denn die Getreidesorten ergänzen sich gegenseitig gut mit ihren Nährstoffen.

Kneten

Je länger ein Teig geknetet wird, desto feiner wird die Krume. Je höher die Mehltype, desto länger muß geknetet werden. Beim Kneten von Hand in der Schüssel arbeitet man mit einer Hand, während die andere Hand die Schüssel festhält. Die Knethand greift den entfernteren Teigrand, zieht ihn heran und knetet ihn mit den Handballen fest in die Teigmitte ein, so daß der Teig wieder einen neuen Rand bildet. Das wird wiederholt, bis ein geschmeidiger Teig entsteht. Beim Kneten auf der Arbeitsfläche knetet man hauptsächlich mit den Handballen. Der Teig wird von der Mitte her mit der einen Hand weggedrückt, während die andere Hand ihn von den Seiten her wieder übereinander schlägt, bis der Teig glatt und geschmeidig ist.

Kruste

Die knusprige Außenseite von Brot und Brötchen gibt dem Gebäck Biß und Geschmack, schützt aber auch die innere Krume vor dem Austrocknen. Eine schöne Kruste bekommt man durch Bestreichen mit Wasser und die richtige Ofentemperatur.

Salz

Es für den Geschmack des Brots wichtig. Wieviel Salz soll ins Brot? Das ist eine Frage des Geschmacks und der Gesundheit. Die Salzangaben in den Rezepten sind Richtwerte. Wem es zu wenig salzig ist, nimmt das nächste Mal mehr. Wem der Salzgeschmack zu intensiv erscheint, verringert das nächste Mal die Menge. Aus gesundheitlichen Gründen sollte sich der Salzverbrauch in Grenzen halten. Zuviel Salz kann Herz und Kreislauf schaden. Anhänger der Vollwertbäckerei verwenden **Meersalz.** Dieses enthält nicht nur wie das gewöhnliche Speisesalz Natrium und Chlorid, sondern auch solche wertvollen Mineralstoffe wie Kalium, Kalzium und Magnesium. In jedem Fall empfehlenswert: Jodiertes Speisesalz oder Meersalz, um den weitverbreiteten Jodmangel auszugleichen. Für den Teig verwenden Sie stets feinkörniges Salz, zum Bestreuen eignet sich das grobkörnige.

Sirup

Zuckerrübensirup verleiht dem Brot eine kräftige Farbe und einen leicht süßlichen Geschmack. Der Sirup wird zusammen mit der Flüssigkeit hinzugefügt. Besonders gut für kräftige Roggenbrote geeignet.

Tiefkühlen von Teig

Brotteig eignet sich in der Regel zum Tiefkühlen. Den bereits gegangenen Teig kneten und dabei die Luft herausschlagen. Den Teig in Gefrierbeutel verpacken, dabei etwas Luft im Beutel lassen, denn der Teig kann sich im Tiefkühler noch dehnen. Praktisch: Brötchen bereits geformt und Brot eventuell in einer Form einfrieren. Zur Verwendung den Teig bei Zimmertemperatur auftauen lassen, gegebenenfalls formen, dann wie gewohnt gehen lassen. Anschließend wie im Rezept angegeben backen.

Temperaturen

Beachten Sie, daß alle Teigzutaten stets wohltemperiert sind und keinesfalls direkt aus dem Kühlschrank kommen. Unter **Zimmertemperatur** versteht man in der Regel 20–22°. Die Triebkräfte von Hefe und Sauerteig funktionieren nur bei entsprechend warmen Temperaturen optimal. Wenn im Rezept **warmer Ort** steht, sind damit Temperaturen um die 25°–30° gemeint. Geeignete Orte zum Gehen von Hefeteig: Im Sommer sind die Temperaturen sowieso hoch, so daß der Teig bei normaler Raumtemperatur in der Küche gehen kann. In der kühleren Jahreszeit sind folgende Orte der richtige Platz:

- In der Nähe der Heizung, zum Beispiel auf der Fensterbank.
- Im geschlossenen Backofen, bei dem nur die Backofenbeleuchtung eingeschaltet ist.

Bei Teigen, die feuchtwarme Umgebung brauchen können wie Sauerteige:

- Das Badezimmer
- Auf der Arbeitsfläche unter einer umgestülpten Teigschüssel, die mit einem feuchten, warmen Tuch umwickelt ist.
- Im Joghurtbereiter

Ausnahme: Das sogenannte kalte Gehen bei Kühlschranktemperatur. Dies dauert mindestens 8 Std. Die Konsistenz des Teigs wird so besonders fein. Übrigens, den Hefepilzen wird es auch schnell zu heiß. Bei Temperaturen über 50° verlieren sie ihre Aktivität.

Vorteig

Wird üblicherweise bei der Teigbereitung mit Frischhefe zubereitet und ist die sicherste Methode, daß die Hefe gut aufgeht. Unbedingt notwendig bei der Teigbereitung mit Sauerteig. Der Hefevorteig sollte 10–15 Min. gehen. Bei Sauerteig müssen Sie einige Stunden rechnen, am besten über Nacht. Bei Verwendung von Trockenhefe entfällt der Vorteig.

Wasser

Verwenden Sie zimmerwarmes, bzw. angewärmtes Leitungswasser. Hartes Wasser mit hohem Kalziumgehalt wirkt sich sogar günstig auf den Teig aus, es verfestigt den Kleber. Auch geeignet: Kohlensäurehaltiges Mineralwasser. Es lockert den Teig und untersützt die Gärung. Die Wassermengen im Rezept sind als Richtwerte zu betrachten. Die tatsächliche Menge hängt vom Mehl ab.

Zucker

Auch bei pikanten Broten wird manchmal in kleinen Mengen Zucker eingesetzt. Wird die zerbröckelte Hefe damit bestreut, wird sie schneller aktiv. In der Vollwertbäckerei erfüllt Honig diesen Zweck.

Zugluft

Der Feind jedes Brotteigs. Teig während des Gehens stets mit einem Tuch oder bei Sauerteig mit Frischhaltefolie vor Zugluft schützen. Stets die Fenster schließen.

HEFEBROTE

Zutaten für 2 Brote:

650 g Weizenmehl, Type 550
400 ml lauwarmes Wasser
50 g Roggenmehl, Type 1150
1 gestrichener EL Salz
1/2 Würfel Hefe (21 g)
1 EL Honig
Milch zum Bestreichen
Und: Mehl zum Arbeiten
Backpapier für die Backbleche

Zubereitungszeit: 40 Min.
(+ 24 Std. Gärzeit
+ 1 3/4 Std. Gehzeit
+ 1 Std. Backzeit)
Bei je 25 Scheiben pro Scheibe
etwa: 209 kJ / 50 kcal
2 g EW / 0 g F / 11 g KH

Gelingt leicht

Französisches Baguette

1 Für den Vorteig 50 g Weizenmehl mit 50 ml lauwarmem Wasser verrühren und mit Frischhaltefolie zugedeckt 24 Std. bei Zimmertemperatur gären lassen.

2 Das restliche Weizenmehl und das Roggenmehl mischen, in eine Schüssel sieben, Salz darüberstreuen und eine Mulde hineindrücken. Hefe und Honig mit einem Schneebesen in 350 ml lauwarmem Wasser auflösen und mit dem Vorteig in die Mulde geben. Alles erst mit den Knethaken des elektrischen Handmixers, danach mit den Händen auf der bemehlten Arbeitsfläche 10 Min. kneten und schlagen. Den Teig zugedeckt an einem warmen Ort 45 Min. gehen lassen.

3 Dann den Teig nochmals 5 Min. kneten und schlagen und in zwei Portionen teilen. Jede Portion auf der bemehlten Arbeitsfläche zu einem Oval von etwa 50 x 30 cm ausrollen. Die Längsseiten zur Mitte hin einschlagen und den Teig noch einmal der Länge nach zusammenlegen. Zwei Backbleche mit Backpapier auslegen. Die Nähte der Baguettes gut zusammendrücken und die Brote mit den Nähten nach unten diagonal auf die Bleche legen. Zugedeckt an einem warmen Ort 1 Std. gehen lassen.

4 Den Backofen auf 225° (Umluft 200°) vorheizen. Die Baguetteoberflächen mit einem scharfen Messer mehrmals etwa 1/2 cm tief schräg einschneiden, mit Milch einpinseln und nacheinander im Ofen (Mitte) in 30 Min. goldgelb backen. Nach 10 Min. Backzeit 100 ml Wasser auf den Ofenboden gießen und die Türe sofort schließen. Die fertigen Brote auf einem Kuchengitter abkühlen lassen.

Tips: Aus dem gleichen Teig lassen sich auch Baguettebrötchen backen. Den Teig dafür in 10 Portionen teilen und auf 15 x 20 cm ausrollen. Die Backzeit verringert sich bei den Brötchen auf 25–30 Min.

Wenn Sie das Brot gern noch dunkler mögen, verwenden Sie statt Weizenmehl Type 550 Type 1050.

Sie können auch kürzere Baguettes von je 35 cm Länge backen, die dann alle quer nebeneinander aufs Backblech passen.

Zutaten für
1 Kastenform von 30 cm Länge:

500 g Weizenmehl, Type 405
1 Tütchen Trockenhefe (7 g, für 500 g Mehl)
1 TL flüssiger Honig
1 TL Meersalz
2 Eigelbe
1 Ei
1/8 l lauwarme Milch
125 g Crème fraîche
Und: Mehl zum Arbeiten
Butter für die Form

Zubereitungszeit: 25 Min. (+ 50 Min. Gehzeit + 45 Min. Backzeit)
Bei 20 Scheiben pro Scheibe etwa: 523 kJ / 125 kcal
4 g EW / 4 g F / 19 g KH

Läßt sich gut vorbereiten

Feines Kastenweißbrot

1 Das Mehl mit der Hefe, dem Honig und dem Salz in eine Schüssel geben. Die Eigelbe mit dem Ei, der Milch und der Crème fraîche verrühren und unter die Mehlmischung mengen. Den Teig auf der bemehlten Arbeitsfläche gut durchkneten, bis er glatt und geschmeidig ist. Den Hefeteig im Backofen bei 50° zugedeckt 30 Min. gehen lassen. Dabei die Backofentüre mit Hilfe eines Kochlöffelstiels einen Spaltbreit offen lassen.

2 Die Form mit Butter ausstreichen. Den Teig nochmals kräftig kneten, in die Form füllen, glattstreichen, der Länge nach mit einem scharfen Messer 1 cm tief einschneiden und zugedeckt bei Zimmertemperatur 20 Min. gehen lassen.

3 Inzwischen den Backofen auf 200° vorheizen. Eine feuerfeste Schale mit kochend heißem Wasser hineinstellen. Den Teig mit Wasser bepinseln und im Ofen (Mitte, Umluft 180°) in 40–45 Min. goldbraun backen. Dann 5 Min. in der Form ruhen lassen, stürzen und auf einem Kuchengitter, mit einem Küchentuch bedeckt, auskühlen lassen.

Tips: Dieses Kastenweißbrot ist von Geschmack und Konsistenz her so fein, daß es schon fast Kuchencharakter hat und macht so jedem Sonntagsfrühstück Ehre.

Damit der hochsteigende Hefeteig nicht am Küchentuch klebt, sollten Sie den Hefeteig zum Gehenlassen immer in eine große Schüssel legen, die ihm noch viel Raum zum Ausbreiten bietet.

Zutaten für 1 längliches Brot:

250 g Weizen-Vollkornmehl
500 g Weizenmehl, Type 405
1 Würfel Hefe (42 g)
1 Prise Zucker
1/4 l lauwarme Milch
1/4 l lauwarmes Wasser
3 TL Meersalz
1 TL Speisestärke
Und: Mehl zum Arbeiten
Butter für das Backblech

Zubereitungszeit: 40 Min. (+ 1 1/4 Std. Gehzeit + 1 Std. Backzeit)
Bei 24 Scheiben pro Scheibe etwa: 477 kJ / 114 kcal
5 g EW / 1 g F / 23 g KH

Frisch am besten

Krustenweißbrot

1 Die beiden Mehlsorten mischen, eine Mulde hineindrücken. Die Hefe in die Mulde bröckeln und mit dem Zucker bestreuen. Milch und Wasser angießen, das Salz hinzufügen. Den Teig kneten, bis er glatt und geschmeidig ist.

2 Den Hefeteig mit etwas Mehl bestäuben und im Backofen bei 50° zugedeckt 45 Min. gehen lassen, bis er auf der Oberfläche deutlich Risse zeigt und sein Volumen verdoppelt hat. Dabei die Backofentüre mit Hilfe eines Kochlöffelstiels einen Spaltbreit offen lassen.

3 Die Speisestärke mit 1/4 l Wasser anrühren, einmal aufkochen und wieder abkühlen lassen, bis die Flüssigkeit lauwarm ist. Inzwischen den Teig auf der bemehlten Arbeitsfläche nochmals kräftig durchkneten, bis er glatt und elastisch ist. Eventuell etwas Mehl unterarbeiten. Einen länglichen Brotlaib formen. Ein Backblech einfetten.

4 Den Brotlaib auf das Blech legen und bei Zimmertemperatur zugedeckt 30 Min. gehen lassen. Den Backofen auf 250° (Umluft 220°) vorheizen. Eine feuerfeste Schale mit kochend heißem Wasser hineinstellen. Den Brotlaib mit angerührter Stärke bepinseln und mit einem scharfen Messer mehrmals schräg einschneiden.

5 Das Weißbrot im Ofen (Mitte) 10 Min. backen. Den Ofen dann auf 200° (Umluft 180°) herunterschalten und das Brot in weiteren 50 Min. fertigbacken. Die restliche Stärkelösung nochmals erwärmen und das ofenfrische Brot damit bepinseln. Auf einem Kuchengitter auskühlen lassen.

Toskanisches Olivenbrot

Zutaten für 2 runde Fladen:

450 g Weizenmehl, Type 550
1 TL Salz
1/4 TL Pfeffer
1/2 Würfel Hefe (21 g)
200 ml lauwarmes Wasser
7 EL kaltgepreßtes Olivenöl
250 g in Öl eingelegte schwarze Oliven
2 EL frische Rosmarinnadeln
Und: Mehl zum Arbeiten
Backpapier für die Backbleche

Zubereitungszeit: 1 Std. (+ 1 1/2 Std. Gehzeit + 1 Std. 20 Min. Backzeit)
Bei je 8 Stücken pro Stück etwa: 615 kJ / 147 kcal
5 g EW / 6 g F / 22 g KH

Frisch am besten

1 Das Mehl in eine Schüssel sieben, Salz und Pfeffer darüber streuen und eine Mulde hineindrücken. Die Hefe im lauwarmen Wasser auflösen, in die Mulde gießen und mit Mehl vom Rand bestreuen. Zugedeckt an einem warmen Ort 10–15 Min. gehen lassen.

2 Dann 5 EL Olivenöl dazugeben und mit den Knethaken des elektrischen Handmixers zu einem glatten Teig verkneten. Zugedeckt an einem warmen Ort 30 Min. gehen lassen.

3 Den Teig anschließend auf der bemehlten Arbeitsfläche 5–10 Min. kräftig kneten und schlagen, zugedeckt weitere 30 Min. gehen lassen. Die Oliven abtropfen lassen, entsteinen und in kleine Stückchen schneiden. Rosmarin fein hacken. Beides zum Teig geben und kräftig unterkneten.

4 Den Backofen auf 225° vorheizen, zwei Backbleche mit Backpapier auslegen. Den Teig in zwei Portionen teilen. Jede Portion zu einem Fladen von 35–40 cm Durchmesser ausrollen, auf die Bleche legen und zugedeckt weitere 15 Min. gehen lassen. Mit einem scharfen Messer rautenartig einschneiden und mit dem restlichen Öl bestreichen. Im Ofen (Mitte, Umluft 200°) nacheinander in 35–40 Min. goldbraun backen. Auf einem Kuchengitter etwas abkühlen lassen, warm servieren.

Tip: Sehr gut schmeckt das Brot auch mit gehackten getrockneten Tomaten oder mit in Stücke geschnittenen, in Öl eingelegten Artischocken, die anstelle der Oliven unter den Teig geknetet werden.

Dinkel-Toastbrot

Zutaten für
1 Kastenform von 27 cm Länge:

150 g festkochende Kartoffeln
500 g Dinkel
1 Würfel Hefe (42 g)
125 ml Milch
125 ml Wasser
2 TL Meersalz
2 TL Honig
100 g feines Maismehl (aus dem Reformhaus)
2 TL gemahlener Koriander
Und: Butter für die Form

Zubereitungszeit: 1 Std.
(+ 1 1/2 Std. Gehzeit
+ 50 Min. Backzeit)
Bei 20 Scheiben pro Scheibe
etwa: 376 kJ / 90 kcal
5 g EW / 2 g F / 23 g KH

Gelingt leicht

1 Die Kartoffeln waschen und ungeschält in 25–30 Min. gar kochen. Abgießen und auskühlen lassen, dann pellen und pürieren. Den Dinkel mehlfein mahlen. Hefe in 2 EL lauwarmem Wasser auflösen. Dann mit der Milch, dem Wasser, Salz und Honig in einer Rührschüssel vermischen. Dinkel- und Maismehl, Koriander und Kartoffelpüree dazugeben und alles zu einem glatten Teig kneten. Zugedeckt bei Zimmertemperatur 1 Std. gehen lassen.

2 Den Teig nochmals kurz kneten und zur Rolle formen. Die Form einfetten, den Teig hineingeben und zugedeckt 20–30 Min. gehen lassen. Den Backofen auf 220° (Umluft 200°) vorheizen. Eine feuerfeste Schale mit kochend heißem Wasser hineinstellen. Das Brot im Ofen (unten) 10 Min. backen. Dann auf 200° (Umluft 180°) herunterschalten und das Brot in 40 Min. fertigbacken. Die Klopfprobe (Seite 26) machen und eventuell nochmals 5–10 Min. ohne Form nachbacken. Auf einem Kuchengitter auskühlen lassen.

Englisches Hausbrot

Zutaten für
1 Kastenform von 25 cm Länge:

500 g Weizen
2 TL Meersalz
1/2 Würfel Hefe (21 g)
2 TL Honig
3/8 l lauwarmes Wasser
Und: Butter für die Form

Zubereitungszeit: 30 Min.
(+ 30 Min. Gehzeit
+ 45 Min. Backzeit
Bei 20 Scheiben pro Scheibe
etwa: 201 kJ / 48 kcal
2 g EW / 1 g F / 10 g KH

Vollwertig

1 Den Weizen mehlfein mahlen, in einer Schüssel mit Salz vermischen. Die Hefe zerbröckeln, mit Honig und 4 EL von dem lauwarmen Wasser in einer Schüssel vermischen. 10 Min. zugedeckt an einem warmen Ort gehen lassen.

2 Das restliche Wasser mit der Hefe vermischen, alles zum Mehl geben und zu einem glatten, weichen Teig verrühren. Die Form einfetten. Dann den Teig mit einem Löffel hineinfüllen und in den Backofen auf den Rost (unten) stellen.

3 Den Backofen auf 50° einstellen und den Teig zugedeckt 20 Min. im Ofen gehen lassen. Dabei die Backofentür mit einem Kochlöffelstiel offen halten. Dann den Backofen auf 200° (Umluft 180°) einstellen und das Brot 45 Min. backen. Die Klopfprobe (Seite 26) machen und eventuell noch 10 Min. ohne Form weiterbacken. Das Brot aus der Form lösen und auf einem Kuchengitter gut auskühlen lassen.

Tip: Das Brot am besten erst nach einem Tag anschneiden und ungetoastet genießen; nach weiteren Tagen als Toastbrot verwenden.

Zutaten für 2 längliche Brote:

1 Würfel Hefe (42 g)
1 TL flüssiger Honig
1/2 l Molke (aus dem Reformhaus)
600 g Weizen-Vollkornmehl
300 g Roggen-Vollkornmehl
1 TL gemahlener Kümmel
1 TL gemahlener Koriander
1 EL Meersalz
Und: Weizen-Vollkornmehl zum Arbeiten
Backpapier für das Backblech
4 EL Milch zum Bestreichen

Zubereitungszeit: 45 Min. (+ 1 Std. 20 Min. Gehzeit + 50 Min. Backzeit)
Bei je 20 Scheiben pro Scheibe etwa: 364 kJ / 87 kcal
4 g EW / 1 g F / 18 g KH

Läßt sich gut vorbereiten

Molkebrot

1 Die Hefe in eine Schüssel bröckeln, mit dem Honig, etwa 1/8 l Molke und etwas Weizenmehl verrühren und zugedeckt an einem warmen Ort 20 Min. gehen lassen.

2 Das übrige Weizenmehl, das Roggenmehl, die restliche Molke, die Gewürze und das Salz zum Vorteig geben und alles zu einem geschmeidigen Teig verkneten. Eventuell etwas lauwarmes Wasser hinzufügen. Den Hefeteig zugedeckt bei Zimmertemperatur 30 Min. gehen lassen.

3 Den Teig auf der bemehlten Arbeitsfläche nochmals gut durchkneten, in zwei gleich große Hälften teilen und längliche Laibe daraus formen. Ein Blech mit Backpapier bedecken, die Brote darauf legen und zugedeckt 30 Min. gehen lassen.

4 Den Backofen auf 250° (Umluft 220°) vorheizen. Eine feuerfeste Schale mit kochend heißem Wasser hineinstellen. Die Brote mit Milch bepinseln und im Ofen (Mitte) 20 Min. backen. Den Ofen dann auf 200° (Umluft 180°) herunterschalten und die Brote in weiteren 30 Min. fertigbacken. Die Brote unter einem Küchentuch auskühlen lassen.

Tip: Besonders professionell sehen die Brote aus, wenn Sie den geformten Teig in bemehlten ovalen Körben gehen lassen und danach auf das Backblech stürzen.

Zutaten für 1 längliches Brot:

750 g Weizen-Vollkornmehl
500 g Roggen-Vollkornmehl
1 EL gemahlener Koriander
1 EL Kümmel
1 EL Fenchelsamen
1 Msp. frisch geriebene Muskatnuß
1 1/2 Würfel Hefe (63 g)
1 EL flüssiger Honig
600 ml lauwarmes Wasser
2 TL Meersalz
Und: Weizen-Vollkornmehl für das Backblech und zum Arbeiten
4 EL lauwarme Milch zum Bestreichen
1 EL Korianderkörner zum Bestreuen

Zubereitungszeit: 45 Min. (+ 1 Std. 50 Min. Gehzeit + 1 1/4 Std. Backzeit)
Bei 40 Scheiben pro Scheibe etwa: 464 kJ / 111 kcal
5 g EW/ 1 g F/ 23 g KH

Vollwertig

Gewürztes Mischbrot

1 Beide Mehlsorten mit den Gewürzen mischen, in eine Schüssel geben und eine Mulde hineindrücken. Die Hefe in die Mulde bröckeln und mit dem Honig, 100 ml lauwarmem Wasser und etwas Mehl glatt rühren. Zugedeckt an einem warmen Ort 20 Min. gehen lassen.

2 Das Salz mit dem übrigen lauwarmen Wasser hinzufügen und den Teig kräftig verkneten, bis er glatt und geschmeidig ist, eventuell noch etwas lauwarmes Wasser hinzufügen. Den Hefeteig zugedeckt an einem warmen Ort 1 Std. gehen lassen.

3 Ein Backblech mit Mehl bestäuben. Den Teig auf der leicht bemehlten Arbeitsfläche nochmals durchkneten und zu einem länglichen Laib formen. Den Brotlaib auf das Blech legen, mit der Milch bepinseln. Die Korianderkörner darauf streuen und leicht andrücken. Den Brotlaib zugedeckt an einem warmen Ort 30 Min. gehen lassen.

4 Den Backofen auf 220° (Umluft 200°) vorheizen. Eine feuerfeste Schale mit kochend heißem Wasser hineinstellen. Das Brot im Ofen (Mitte) 15 Min. backen. Den Ofen dann auf 180° (Umluft 160°) herunterschalten und das Brot noch 1 Std. backen.

5 Die Klopfprobe (Seite 26) machen und das Brot eventuell noch 5–10 Min. nachbacken. Dann sofort mit heißem Wasser bestreichen, damit es etwas glänzt, und mit einem Küchentuch bedeckt auf einem Kuchengitter auskühlen lassen.

Tip: Statt frischer Hefe können Sie auch 2 Tütchen Trockenhefe verwenden.

Der Tip vom Profi !

Hefeteig soll nach dem Kneten saftig und geschmeidig sein. Dafür ist das richtige Verhältnis zwischen Mehl und Wasser wichtig. Da Vollkornmehl aus den ganzen Getreidekörnern besteht, die ja ein Naturprodukt sind, kann je nach Ernte der Flüssigkeitsbedarf für den Teig schwanken. Wenn Ihr Brotteig also nach Zugabe der im Rezept angegebenen Menge Wasser zu fest ist, müssen Sie noch etwas mehr Wasser untermengen. Ist er dagegen zu weich, kneten Sie einfach noch etwas Mehl darunter.

Zutaten für 1 Kastenform von 30 cm Länge:

500 g Weizen
100 g Roggen
1/2 EL Kümmel
1 TL Fenchelsamen
1/2 EL Koriander
1 Würfel Hefe (42 g)
360 ml Wasser
1/8 l Milch
2 TL Meersalz
1 EL Honig
4 EL kaltgepreßtes Sonnenblumenöl
Und: Butter und Weizenmehl für die Form
1 El Korianderkörner zum Bestreuen

Zubereitungszeit: 30 Min. (+ 1 1/2 Std. Gehzeit + 50 Min. Backzeit)
Bei 18 Scheiben pro Scheibe etwa: 598 kJ / 143 kcal
5 g EW/ 3 g F/ 27 g KH

Gelingt leicht

Deutsches Hausbrot

1 Den Weizen und den Roggen zusammen mit dem Kümmel, Fenchel und Koriander mehlfein mahlen. Bei Verwendung von bereits fertig gemahlenem Vollkornmehl die Gewürze im Mörser zerstoßen und dann unter das Mehl mischen. Die Hefe zerbröckeln und in 1 EL lauwarmem Wasser auflösen. Mit dem kalten Wasser, mit Milch, Salz und Honig in einer Rührschüssel vermischen.

2 Das gewürzte Mehl, dann das Öl untermischen und rühren, bis ein saftiger, geschmeidiger Teig entsteht.

3 Den Teig in der Schüssel bei Zimmertemperatur zugedeckt 1 Std. gehen lassen, bis sich das Teigvolumen verdoppelt hat und sich auf der Oberfläche Poren gebildet haben. Den Teig nochmals kurz mit der Maschine oder mit der Hand durchkneten.

4 Die Form einfetten und mit Mehl ausstreuen. Den Teig zu einem länglichen Laib formen und in die Form legen. Mit Korianderkörnern bestreuen, diese leicht andrücken und die Teigoberfläche schräg einschneiden. Das Brot mit einem Tuch bedeckt bei Zimmertemperatur 20–30 Min. gehen lassen.

5 Den Backofen auf 220° vorheizen. Eine feuerfeste Schale mit kochend heißem Wasser hineinstellen. Das Brot im Ofen (unten) bei 200° (Umluft 180°) 50 Min. backen. Dann aus der Form lösen und die Klopfprobe (Seite 26) machen. Bei Bedarf ohne Form auf dem Blech noch 5–10 Min. nachbacken. Das Brot auf einem Kuchengitter auskühlen lassen.

Das Brot eignet sich für alle Gelegenheiten und alle Brotaufstriche.

Zutaten für 2 runde Brote:

1 EL Meersalz
300 ml lauwarmes Wasser
1 EL Weißweinessig
1 Würfel Hefe (42 g)
1/4 l lauwarme Milch
100 g Nackthafer
1 TL Kümmel
1 TL Fenchelsamen
125 g Sonnenblumenkerne
600 g Weizen-Vollkornmehl
200 g Roggen-Vollkornmehl
50 g zerlassene Butter
Und: Backpapier für das Backblech
1 Ei zum Bestreichen
2 Brotkörbe

Zubereitungszeit: 50 Min. (+ 1 Std. 20 Min. Gehzeit + 1 Std. Backzeit)
Bei je 20 Scheiben pro Scheibe etwa: 422 kJ / 101 kcal
4 g EW/ 3 g F/ 17 g KH

Vollwertig

Helles Sonnenblumenbrot

1 Das Salz im Wasser auflösen, den Essig hinzufügen. Die Hefe zerbröckeln und mit der Milch glatt rühren. Den Nackthafer mit den Gewürzen mehlfein mahlen. 100 g Sonnenblumenkerne im Blitzhacker grob hacken.

2 Weizen- und Roggenmehl mit dem Salz-Essig-Wasser, Hefemilch und gemahlenem Hafer, gehackten Sonnenblumenkernen und der zerlassenen Butter mischen. Alles gut verkneten, bis ein geschmeidiger Teig entsteht. Den Hefeteig im Backofen bei 50° zugedeckt 50 Min. gehen lassen. Dabei die Backofentüre mit Hilfe eines Kochlöffelstiels einen Spaltbreit offen lassen.

3 Den Teig nochmals gut durchkneten, halbieren und zu runden Laiben formen. Die Brotlaibe in zwei runde Brotkörbe legen und zugedeckt bei Zimmertemperatur 30 Min. gehen lassen.

4 Den Backofen auf 220° (Umluft 200°) vorheizen. Eine feuerfeste Schale mit kochend heißem Wasser hineinstellen. Ein Blech mit Backpapier auslegen und die Brote darauf stürzen. Das Ei mit etwas Wasser verquirlen und die Brote damit bepinseln. Die ganzen Sonnenblumenkerne darüber streuen und etwas andrücken. Die Brote im Ofen (Mitte) 20 Min. backen, danach den Ofen auf 200° (Umluft 180°) herunterschalten und die Brote in 40 Min. fertigbacken.

5 Die ofenfrischen Brote in Küchentücher wickeln und abkühlen lassen. Am besten erst am nächsten Tag anschneiden.

Grahambrot

Zutaten für 2 längliche Brote:

30 g frische Hefe
1 TL Rohrzucker
350–400 ml lauwarmes Wasser
500 g Weizenschrot
200 g Weizenmehl, Type 405
3 TL Meersalz
3 EL zerlassene Butter
Und: Mehl für Arbeitsfläche und Backblech
4 EL Milch zum Bestreichen

Zubereitungszeit: 50 Min. (+ 1 Std. 50 Min. Gehzeit + 45 Min. Backzeit)
Bei je 25 Scheiben pro Scheibe etwa: 184 kJ / 44 kcal
2 g EW / 1 g F / 10 g KH

Gelingt leicht

1 Die Hefe zerbröckeln und in einer Schüssel mit dem Zucker und etwas lauwarmem Wasser glatt rühren. Zugedeckt an einem warmen Ort 10 Min. gehen lassen. Den Weizenschrot mit dem Mehl und dem Salz mischen. Den Hefevorteig, 350 ml Wasser und 1 EL zerlassene Butter dazugeben. Alles gut verkneten, bis ein geschmeidiger Teig entsteht. Bei Bedarf noch bis zu 50 ml mehr Wasser unterarbeiten.

2 Den Hefeteig zugedeckt an einem warmen Ort 1 Std. gehen lassen, bis sich sein Volumen fast verdoppelt hat. Dann nochmals gut durchkneten, in zwei gleich große Stücke teilen und längliche Laibe daraus formen. Ein Backblech mit Mehl bestreuen. Die Brote darauf legen, mit der übrigen Butter bepinseln und zugedeckt an einem warmen Ort 40 Min. gehen lassen.

3 Den Backofen auf 200° vorheizen. Die Brote im Ofen (Mitte, Umluft 180°) in 40–45 Min. goldgelb backen. Die heißen Brote mit Milch bepinseln und unter einem Küchentuch abkühlen lassen.

Tips: Das Grahambrot nach Geschmack vor dem Backen mit Sesam bestreuen. Es paßt gut zu deftigen Wurstsorten und würzigem Käse.

Wenn die Brotscheiben hauptsächlich mit Butter bestrichen werden, können Sie den Teig auch mit 1 TL gemahlenem Kardamom und 1/2 TL frisch geriebener Muskatnuß würzen, dann bekommt das Brot einen würzigeren Eigengeschmack.

Zutaten für 2 längliche Laibe:

200 g Roggen
400 g Weizen
1 Würfel Hefe (42 g)
1/4 l Wasser
1/8 l Milch
2 TL Meersalz
1 EL Honig
1/2 Bund Petersilie
1/2 Bund Schnittlauch
1/2 Bund Dill
3 EL kaltgepreßtes Olivenöl
1 Eigelb
1 EL Dillsamen
Und: Butter und Weizenmehl für das Backblech

Zubereitungszeit: 30 Min. (+ 1 1/2 Std. Gehzeit + 40 Min. Backzeit)
Bei je 16 Scheiben pro Scheibe etwa: 347 kJ / 83 kcal
3 g EW / 2 g F / 16 g KH

Für Gäste

Kräuter-Bauernbrot

1 Roggen und Weizen mehlfein mahlen. Die Hefe zerbröckeln, in 2 EL lauwarmem Wasser auflösen und in einer Rührschüssel mit dem restlichen Wasser, mit Milch, Salz und Honig vermischen. Das Mehl unterrühren und alles gut verkneten, bis ein geschmeidiger Teig entsteht. Den Teig zugedeckt bei Zimmertemperatur 1 Std. gehen lassen, bis sich das Volumen verdoppelt hat.

2 Die Kräuter waschen und kleinschneiden. Den Teig nochmals kurz durchkneten und Olivenöl, Petersilie, Schnittlauch und Dill unterarbeiten. Auf der leicht bemehlten Arbeitsfläche aus dem Teig zwei gleich große Kugeln formen, mit der Hand rollen und dabei zu einem länglichen Laib von 22 cm Länge ziehen, so daß die Oberfläche Spannung erhält.

3 Ein Backblech einfetten und mit etwas Mehl bestreuen. Die Laibe auf das Blech legen. Die Brote in der Mitte längs etwa 1/2 cm tief einschneiden. Das Eigelb mit 1 El Wasser verquirlen und die Brote damit bestreichen. Die Brote mit Dillsamen bestreuen. Den Dillsamen etwas andrücken. Die Kräuterbrote gut zugedeckt 20–30 Min. bei Zimmertemperatur gehen lassen.

4 Den Backofen auf 220° vorheizen. Eine feuerfeste Schale mit kochend heißem Wasser hineinstellen. Die Brote im Ofen (Mitte, Umluft 200°) 30–40 Min. backen. Die Klopfprobe (Seite 26) machen und die Brote eventuell noch 5–10 Min. nachbacken. Dann auf ein Kuchengitter legen und auskühlen lassen.

Tips: Wichtig ist, daß der Teig beim Gehen an der Oberfläche nicht austrocknet. Den Teig deshalb mit einem Küchentuch abdecken oder aber unter der umgestülpten Teigschüssel gehen lassen. Sind die Gehzeiten lang (ab 1 Std.), besser ein feuchtes Tuch zum Abdecken verwenden.

Zutaten für
1 Springform von 24 cm ø:

500 g Weizenmehl, Type 405
1/2 TL Salz
1 Würfel Hefe (42 g)
2 EL Zucker
220–240 ml lauwarme Milch
20 g Butter
4 EL Tahin (Sesampaste aus dem Glas; aus dem türkischen Lebensmittelladen oder Reformhaus)
3 EL Honig
Und: Mehl zum Arbeiten
Butter und 3 EL Sesamsamen für die Form
3 EL Milch und 10 g zerlassene Butter zum Einpinseln

Zubereitungszeit: 30 Min.
(+ 50 Min. Gehzeit
+ 30 Min. Backzeit)
Bei 12 Stücken pro Stück etwa:
1058 kJ / 253 kcal
9 g EW / 8 g F / 41 g KH

Frisch am besten

Tahin-Brot

1 Das Mehl in einer Schüssel mit dem Salz vermischen, eine Mulde bilden. Hefe mit Zucker in ein Schüsselchen geben. Hefe und Zucker mit der Hälfte der Milch glattrühren, in die Mulde gießen und mit etwas Mehl verrühren. Restliche Milch nachgießen und unterrühren.

2 In einem kleinen Topf die Butter schmelzen und lauwarm dazugießen. Den Teig mit den Knethaken des elektrischen Handmixers 3 Min. durcharbeiten. Auf der ganz leicht bemehlten Arbeitsfläche mit den Händen 5 Min. kräftig durchkneten, dann in die Schüssel legen und zugedeckt 30 Min. an einem warmen Ort gehen lassen.

3 Die Form einfetten und mit Sesamsamen ausstreuen. Tahin im Glas gründlich durchrühren. Den Teig durchkneten und zu einer etwa 70 cm langen Rolle formen. Diese mit dem Teigroller auf eine Breite von 21 cm ausrollen. Den langen Teigstreifen zuerst mit der Sesampaste bestreichen, dann den Honig gleichmäßig darauflaufen lassen. Den Teigstreifen von beiden Seiten von der Breite her übereinander schlagen, so daß ein Streifen von 7 cm Breite entsteht.

4 Den Teig von unten nach oben zu einer Schnecke aufrollen und in die Form legen. Es macht nichts, wenn die Schnecke die Form nicht ganz füllt, das geschieht dann beim Backen. Die Form zugedeckt 20 Min. an einen warmen Ort stellen.

5 Den Backofen auf 200° (Umluft 180°) vorheizen. Die Oberfläche der Schnecke mit erwärmter Milch einpinseln, im Ofen (Mitte) in 30 Min. goldgelb backen. Sofort nach dem Backen das Tahinbrot mit zerlassener Butter einpinseln, kurz abkühlen lassen, aus der Form nehmen und auf einem Kuchengitter auskühlen lassen.

Schinken-»Rosen«-Brot

Zutaten für 1 Springform von 24 cm ø:

350 g Dinkel- oder Weizen-Vollkornmehl
150 g Roggen-Vollkornmehl
1 Würfel Hefe (42 g)
1 Prise Zucker
1/4 l lauwarmes Wasser
3 EL Schweineschmalz
1 kleines Ei
2 TL Meersalz
1 TL getrocknete Kräuter der Provence
1 TL gemahlener Kümmel
250 g gekochter Schinken am Stück
250 g Zwiebeln
2 Knoblauchzehen
1 Prise Cayennepfeffer
Und: Mehl für die Arbeitsfläche
Schweineschmalz für die Form
1 Ei zum Bestreichen

Zubereitungszeit: 1 1/4 Std. (+ 1 Std. 20 Min. Gehzeit + 50 Min. Backzeit)
Bei 8 Stücken pro Stück etwa: 1221 kJ / 292 kcal
17 g EW / 13 g F / 45 g KH

Gelingt leicht

1 Die Mehlsorten in einer Schüssel mischen, eine Mulde hineindrücken. Die Hefe in die Mulde bröckeln, mit Zucker bestreuen und mit 75 ml lauwarmem Wasser und wenig Mehl vom Rand glattrühren. Den Vorteig zugedeckt an einem warmen Ort 15 Min. gehen lassen.

2 Das übrige lauwarme Wasser und 2 EL Schweineschmalz, das Ei,1 1/2 TL Salz, 1/2 TL provenzalische Kräuter und den Kümmel dazugeben und mit dem Hefevorteig und dem Mehl gut verkneten, bis ein glatter, elastischer Teig entsteht. Den Teig zugedeckt an einem warmen Ort 45 Min. gehen lassen.

3 Inzwischen den Schinken vom Fettrand befreien und klein würfeln. Die Zwiebeln schälen und ebenfalls klein würfeln. Den Knoblauch schälen und sehr kleinschneiden. Das restliche Schmalz in einer Pfanne erhitzen. Zwiebelwürfel darin glasig braten, Knoblauch und Schinkenwürfel dazugeben und 2 Min. braten. Die Mischung mit dem restlichen Salz, 1/2 TL zerriebenen Kräutern der Provence und dem Cayennepfeffer würzen. Die Mischung abkühlen lassen, bis sie lauwarm ist.

4 Den Hefeteig auf der bemehlten Arbeitsfläche etwa 40 cm breit und 56 cm lang ausrollen. Die Teigplatte auf ein Küchentuch legen. Die Schinkenfarce darauf verteilen, auf jeder Seite einen etwa 2 cm breiten Rand frei lassen. Das Ei trennen. Eiweiß leicht verquirlen. Den Teig mit Hilfe des Küchentuchs längsseitig aufrollen, das Teigende mit Eiweiß bestreichen und etwas andrücken. Die Rolle in 8 gleich große Scheiben schneiden.

5 Die Form einfetten und die gefüllten Teigscheiben locker hochkant hineinstellen, etwas niederdrücken. Das Eigelb mit wenig Wasser verquirlen und die Oberfläche der Teigscheiben damit bepinseln, zugedeckt 20 Min. gehen lassen. Den Backofen rechtzeitig auf 200° vorheizen. Das Rosenbrot im Ofen (Mitte, Umluft 180°) 50 Min. backen. Danach sofort mit heißem Wasser bepinseln.

Tips: Servieren Sie Ihren Gästen das dekorative Rosenbrot zu einem sommerlichen Salatbuffet.

Noch würziger schmeckt das Brot, wenn Sie statt des Schinkens durchwachsenen Speck für die Füllung verwenden. Die Speckmischung nicht salzen, weil der Speck schon salzig genug ist.

Das Hefeteig-Rechteck mit der Füllung mit Hilfe eines Küchentuchs von einer Längsseite her aufrollen.

Die Teigrolle mit einem Messer in 8 Scheiben schneiden. Jede der gefüllten Scheiben locker hochkant in die Form stellen.

Die Scheiben mit der Hand etwas zusammendrücken und dann mit dem verquirlten Eigelb bepinseln.

Zutaten für 1 rundes Brot:

500 g Weizenmehl, Type 550
30 g frische Hefe
1 Prise Zucker
etwa 300 ml lauwarmes Wasser
70 g Vollkorn-Haferflocken
40 g Weizenkeime
2 TL Salz
Und: Weizenmehl für die Arbeitsfläche
Backpapier für das Backblech
2 EL Vollkorn-Haferflocken zum Bestreuen

Zubereitungszeit: 40 Min. (+ 1 Std. 25 Min. Gehzeit + 35 Min. Backzeit)
Bei 18 Scheiben pro Scheibe etwa: 519 kJ / 124 kcal
6 g EW / 1 g F / 25 g KH

Frisch am besten

Hafer-Weizenkeim-Brot

1 Das Mehl in eine Schüssel geben, eine Mulde hineindrücken. Die Hefe in die Mulde bröckeln und mit dem Zucker und etwas lauwarmem Wasser verrühren. Leicht mit Mehl bestäuben und zugedeckt an einem warmen Ort 10 Min. gehen lassen.

2 Das restliche Wasser, die Haferflocken, die Weizenkeime und das Salz dazugeben, alles zu einem glatten Teig verkneten. Zugedeckt an einem warmen Ort 1 Std. gehen lassen.

3 Den Teig auf der bemehlten Arbeitsfläche noch einmal gut durchkneten und zu einem runden Laib formen. Den Laib in Mehl wenden, auf ein mit Backpapier belegtes Blech setzen und zugedeckt noch 15 Min. bei Zimmertemperatur gehen lassen.

4 Den Backofen auf 225° (Umluft 200°) vorheizen. Eine feuerfeste Schale mit kochend heißem Wasser hineinstellen. Das Brot mit Wasser einpinseln, über Kreuz etwa 1 cm tief einschneiden und mit Haferflocken bestreuen. Die Haferflocken leicht andrücken. Das Brot im Ofen (Mitte) 15 Min. backen, dann die Hitze auf 200° (Umluft 180°) herunterschalten und das Brot in 20 Min. fertigbacken. Auf einem Kuchengitter auskühlen lassen.

Tip: Zusätzlich etwa 100 g gehackte Walnüsse oder Sonnenblumenkerne unter den Teig kneten – so bekommt das Brot etwas mehr Biß und ein noch feineres Aroma.

Zutaten für 1 rundes Brot:

- 300 g Weizenmehl, Type 550
- 1 Würfel Hefe (42 g)
- 1/2 TL Zucker
- 50 ml lauwarmes Wasser
- 1 TL Fenchelsamen
- 200 g mehlfein gemahlene Gerste
- 50 g Gerstenflocken
- 1–1 1/2 TL Salz
- etwa 300 ml Bier
- Und: Weizenmehl für die Arbeitsfläche
- Backpapier für das Backblech
- 1 Eigelb zum Bestreichen
- 2–3 EL Gerstenflocken zum Bestreuen

Zubereitungszeit: 30 Min. (+ 1 Std. 25 Min. Gehzeit + 40 Min. Backzeit)
Bei 18 Scheiben pro Scheibe etwa: 535 kJ / 128 kcal
5 g EW / 1 g F / 25 g KH

Gelingt leicht

Gerstenbrot mit Fenchel

1 Das Weizenmehl in eine Schüssel geben, eine Mulde hineindrücken. Die Hefe in die Mulde bröckeln und mit dem Zucker und dem Wasser verrühren. Leicht mit Mehl bestäuben und zugedeckt an einem warmen Ort 10 Min. gehen lassen. Den Fenchelsamen im Mörser zerdrücken.

2 Das Gerstenmehl, die Gerstenflocken, das Salz, den Fenchel und das Bier zum Vorteig geben, alles zu einem glatten Teig verkneten. Zugedeckt an einem warmen Ort 30 Min. gehen lassen.

3 Den Teig auf der bemehlten Arbeitsfläche noch einmal durchkneten, zu einem runden Laib formen und auf ein mit Backpapier belegtes Blech setzen. Mit einer Gabel mehrmals tief einstechen und zugedeckt noch 45 Min. gehen lassen.

4 Den Backofen auf 200° vorheizen. Eine feuerfeste Schale mit kochend heißem Wasser hineinstellen. Das Eigelb mit 2 EL Wasser verquirlen, das Brot damit bestreichen und mit den Gerstenflocken bestreuen. Das Brot im Ofen (Mitte, Umluft 180°) in 35–40 Min. goldgelb backen. Auf einem Kuchengitter auskühlen lassen.

Tip: Für Gerstenbrötchen den Teig nach dem ersten Aufgehen in 12 Portionen teilen und zu runden oder länglichen Brötchen formen. Noch 20–30 Min. zugedeckt gehen lassen und bei 200° (Umluft 180°) 15 Min. wie beschrieben backen.

Zutaten für 1 rundes Brot:
350 g Weizenmehl, Type 1050
1/2 Würfel Hefe (21 g)
1/2 TL Zucker
etwa 175 ml lauwarmes Wasser
2 TL Salz
1 TL gemahlenes Brotgewürz
4 EL Olivenöl
Und: 1 Brotkorb (etwa 20 cm ø) zum Formen
Weizenmehl zum Arbeiten
Backpapier für das Backblech
2 TL Kümmelsamen zum Bestreuen

Zubereitungszeit: 30 Min. (+ 1 Std. 25 Min. Gehzeit + 45 Min. Backzeit)
Bei 12 Scheiben pro Scheibe etwa: 531 kJ / 127 kcal
5 g EW / 3 g F / 22 g KH

Frisch am besten

Kümmel-Korbbrot

1 Das Mehl in eine Schüssel geben, eine Mulde hineindrücken. Die Hefe in die Mulde bröckeln und mit dem Zucker und etwas lauwarmem Wasser verrühren. Leicht mit Mehl bestäuben und zugedeckt an einem warmen Ort 10 Min. gehen lassen.

2 Das restliche Wasser, das Salz, das Brotgewürz und das Öl dazugeben, alles zu einem geschmeidigen Teig verkneten. Zugedeckt an einem warmen Ort 30 Min. gehen lassen.

3 Den Korb gründlich mit Mehl ausstäuben. Den Hefeteig auf der bemehlten Arbeitsfläche noch einmal durchkneten, zu einem Laib formen und in den Korb legen. Zugedeckt an einem warmen Ort 45 Min. gehen lassen.

4 Den Backofen auf 175° vorheizen. Eine feuerfeste Schale mit kochend heißem Wasser hineinstellen. Ein Backblech mit Backpapier auslegen. Das Brot aus dem Korb auf das Blech stürzen, mit Wasser bepinseln und mit Kümmel bestreuen. Das Brot im Ofen (Mitte, Umluft 160°) 45 Min. backen. Mit einem Tuch abgedeckt auf einem Kuchengitter auskühlen lassen.

Tip: Der Korb soll bei diesem Brot lediglich die dekorative Oberfläche formen, er braucht deshalb nicht rund zu sein – Sie können genauso gut einen länglichen Korb verwenden (siehe Foto). Aber auch ohne einen Brotkorb können Sie das Kümmelbrot backen. Lassen Sie den rund geformten Laib einfach direkt auf dem mit Backpapier belegten Blech aufgehen.

Dinkel-Gewürzbrot

Zutaten für 2 ovale Brote:

100 g grobgeschroteter Dinkel
1/8 l lauwarmes Wasser
1 kg Dinkel
1 Würfel Hefe (42 g)
1 EL Birnendicksaft
3/4 l lauwarme Buttermilch
1 EL Anissamen
1 EL Fenchelsamen
1 EL Kümmel
1 EL Meersalz
Und: Mehl zum Arbeiten
Butter für das Backblech

Zubereitungszeit: 1 Std.
(+ 12 Std. Einweichzeit
+ 1 Std. 10 Min. Gehzeit
+ 1 Std. Backzeit)
Bei je 30 Scheiben pro Scheibe
etwa: 577 kJ / 138 kcal
4 g EW / 1 g F / 15 g KH

Für Geübte

1 Den Dinkelschrot in eine Glas- oder Keramikschüssel füllen, mit dem lauwarmen Wasser übergießen und 12 Std. zugedeckt einweichen.

2 Den Dinkel mehlfein mahlen, in eine große Schüssel geben und eine Mulde hineindrücken. Die Hefe in die Mulde bröckeln, mit dem Birnendicksaft, etwas Mehl und 1/8 l lauwarmer Buttermilch verrühren. Den Vorteig zugedeckt an einem warmen Ort 20 Min. gehen lassen.

3 Anis, Fenchel und Kümmel im Mörser zerstoßen. Die Gewürzmischung mit der übrigen Buttermilch, dem Salz und dem eingeweichten Schrot in die Schüssel zum Vorteig geben und alles zu einem geschmeidigen Teig verkneten. Den Hefeteig zugedeckt an einem warmen Ort 30 Min. gehen lassen.

4 Den Teig nochmals kräftig auf der bemehlten Arbeitsfläche durchkneten, in zwei Hälften teilen und ovale Laibe daraus formen. Ein Backblech einfetten, die Brotlaibe darauf legen und 20 Min. zugedeckt gehen lassen.

5 Den Backofen auf 240° (Umluft 220°) vorheizen. Eine feuerfeste Schale mit kochend heißem Wasser hineinstellen. Die Brote mit Wasser bestreichen und im Ofen (Mitte) 20 Min. backen. Die Temperatur dann auf 180° (Umluft 160°) herunterschalten und die Brote in weiteren 40 Min. fertigbacken. Mit Küchentüchern bedeckt auf einem Kuchengitter auskühlen lassen.

Variante:
Dinkel-Walnuß-Brot

Den Teig vorbereiten wie beschrieben, aber nur mit je 1 TL gemahlenem Anis und Fenchel würzen, den Kümmel weglassen. Dafür 150 g grobgehackte Walnußkerne unter den Teig mischen.

Zutaten für 1 Kastenform von 30 cm Länge:

500 g Weizenmehl, Type 1050
1 Würfel Hefe (42 g)
1 TL Zucker
1/4 l lauwarmes Wasser
250 g Zucchini
75 g Walnußkerne
2 TL Salz
1 Ei
Und: Weizenmehl zum Arbeiten
Öl für die Form
1 Eigelb oder 3 EL Milch zum Bestreichen
25 g Walnußkerne zum Bestreuen

Zubereitungszeit: 45 Min. (+ 1 Std. 40 Min. Gehzeit + 40 Min. Backzeit)
Bei 20 Scheiben pro Scheibe etwa: 590 kJ / 141 kcal
6 g EW / 12 g F / 27 g KH

Gelingt leicht

Zucchinibrot

1 Das Mehl in eine Schüssel geben, eine Mulde hineindrücken. Die Hefe in die Mulde bröckeln und mit dem Zucker und etwas lauwarmem Wasser verrühren. Leicht mit Mehl bestäuben und zugedeckt an einem warmen Ort 10 Min. gehen lassen.

2 Inzwischen die Zucchini waschen, putzen und grob raspeln, mit den Händen gut ausdrücken. Die Walnußkerne hacken. Das restliche Wasser, das Salz und das Ei zum Vorteig geben, alles gründlich verkneten, die Zucchini und die Walnüsse unterkneten. Den Teig zugedeckt 45 Min. an einem warmen Ort gehen lassen.

3 Den Teig auf der bemehlten Arbeitsfläche noch einmal gut durchkneten und mit bemehlten Händen zu einer langen Rolle formen. Die Form einfetten, den Teig hineinlegen und zugedeckt an einem warmen Ort weitere 45 Min. gehen lassen.

4 Den Backofen auf 200° vorheizen. Die Walnußkerne zum Bestreuen hacken. Das Brot mit verquirltem Eigelb oder mit Milch bestreichen und mit den Walnußkernen bestreuen. Im Ofen (unten, Umluft 180°) in 40 Min. goldbraun backen. Kurz in der Form abkühlen lassen, dann auf ein Kuchengitter stürzen und wieder umdrehen, offen auskühlen lassen.

Tip: Der Brotteig ist anfangs recht fest. Geben Sie jedoch bitte keine zusätzliche Flüssigkeit dazu! Die Zucchini geben während der Ruhezeit des Teiges Feuchtigkeit an diesen ab, er wird recht weich. Zum Formen sollten Sie deshalb den Teig und Ihre Hände gut mit Mehl bestäuben.

Zutaten für
1 Kastenform von 30 cm Länge:
1 Würfel Hefe (42 g)
1 TL Rohrzucker
250–375 ml lauwarme Buttermilch
300 g Weizen-Vollkornmehl
130 g Kürbiskerne
100 g Roggenschrot
100 g feines Maismehl (aus dem Reformhaus)
2 EL Kürbiskernöl
1 gehäufter TL Meersalz
Und: Mehl für die Arbeitsfläche
Butter für die Form
3 EL Milch zum Bestreichen

Zubereitungszeit: 45 Min. (+ 1 Std. 25 Min. Gehzeit + 1 Std. Backzeit)
Bei 20 Scheiben pro Scheibe etwa: 569 kJ / 136 kcal
6 g EW / 4 g F / 21 g KH

Gelingt leicht

Kürbiskernbrot

1 Die Hefe in eine Schüssel bröckeln, mit Zucker bestreuen und mit etwas Buttermilch und etwas Weizenmehl glattrühren. Den Vorteig zugedeckt an einem warmen Ort 15 Min. gehen lassen.

2 Von den Kürbiskernen 100 g grob hacken, mit dem restlichen Weizenmehl, dem Roggenschrot und dem Maismehl mischen. Den Hefevorteig mit der übrigen Buttermilch, dem Öl und dem Salz untermengen und den Teig kneten, bis er geschmeidig glänzt. Den Teig zugedeckt an einem warmen Ort 40 Min. gehen lassen.

3 Den Teig auf der bemehlten Arbeitsfläche nochmals kräftig durchkneten. Die Form einfetten und den Teig einfüllen. Die Oberfläche glatt streichen, mit Milch bepinseln und die ganzen Kürbiskerne darüber streuen, etwas andrücken. Das Brot zugedeckt 30 Min. gehen lassen.

4 Den Backofen auf 200° (Umluft 180°) vorheizen. Eine feuerfeste Schale mit kochend heißem Wasser hineinstellen. Das Brot im Ofen (Mitte) 15 Min. backen. Die Hitze dann auf 180° (Umluft 160°) herunterschalten und das Brot in weiteren 45 Min. goldbraun backen.

5 Das Kürbiskernbrot in der Form 5 Min. ruhen lassen, dann stürzen und auf einem Kuchengitter, mit einem Küchentuch bedeckt, auskühlen lassen.

Kürbiskernbrot schmeckt gut zu Schafkäse, Parmaschinken und pikanten Salaten.

Als Getränk paßt ein kräftiger Chianti classico.

Zutaten für
2 Zopfbrote von 35 cm Länge:

750 g	Weizenmehl, Type 550
1/2	Würfel Hefe (21 g)
1 TL	Zucker
350 ml	lauwarmes Wasser
200 g	gekochte Pellkartoffeln
2	Eier
1 1/2 TL	Salz
5 EL	Maiskeimöl
1	Eiweiß
je 2 EL	Sesam- und Mohnsaat
Und:	Mehl zum Arbeiten
	Backpapier für das Backblech

Zubereitungszeit: 30 Min.
(+ 2 Std. Gehzeit
+ 40 Min. Backzeit)
Bei je 32 Scheiben pro Scheibe
etwa: 224 kJ / 54 kcal
2 g EW / 1 g F / 9 g KH

Frisch am besten

Pikanter Hefezopf

1 Das Mehl in eine Schüssel sieben und eine Mulde hineindrücken. Die Hefe und den Zucker mit einem Schneebesen im lauwarmen Wasser auflösen, in die Mulde gießen und mit etwas Mehl vom Rand bestreuen. Zugedeckt an einem warmen Ort 15 Min. gehen lassen.

2 Die Kartoffeln pellen und durch ein feines Sieb passieren. Die Eier verquirlen, mit den Kartoffeln, dem Salz und Öl zum Vorteig geben. Alles mit den Knethaken des elektrischen Handrührers 5 Min. kneten, bis ein kompakter Teig entstanden ist. Zugedeckt an einem warmen Ort 40 Min. gehen lassen.

3 Dann den Teig auf der bemehlten Arbeitsfläche 10 Min. kneten und schlagen, zu einer Kugel formen und weitere 45 Min. gehen lassen, bis sich sein Volumen verdoppelt hat. Ein Backblech mit Backpapier auslegen. Den Backofen auf 190° vorheizen.

4 Den Teig zusammenkneten und in 6 Portionen teilen. Je 3 Portionen zu etwa 40 cm langen Strängen formen und zu einem Zopf flechten. Beide Zöpfe mit gut 10 cm Abstand voneinander auf das Blech legen, zugedeckt 20 Min. gehen lassen.

5 Die Zöpfe mit Eiweiß bepinseln, einen mit Sesam, den anderen mit Mohn oder beide Zöpfe mit einer Mohn-Sesam-Mischung bestreuen. Im Ofen (Mitte, Umluft 170°) 35–40 Min. backen, bis die Oberflächen schön goldgelb sind. Aus dem Ofen nehmen und auf einem Kuchengitter abkühlen lassen.

Tips: Für Brote mit weicherer Kruste eine feuerfeste Schale mit heißem Wasser auf den Ofenboden setzen.

Nicht mehr ganz frischer Zopf schmeckt übrigens ganz köstlich, wenn man die Scheiben kurz toastet.

Info: Der pikante Hefezopf, Barches oder Challah genannt, wird in jüdischen Haushalten für den Shabbat, den traditionellen Ruhetag, am Vortag gebacken.

Mandel-Sesam-Brot

Zutaten für 1 längliches Brot:

300 g Weizen-Vollkornmehl
100 g Sojamehl
100 g mehlfein gemahlene Hirse
1 Würfel Hefe (42 g)
1 TL Zucker
1/4 l lauwarme Milch
100 g geschälte gemahlene Mandeln
40 g gehackte Mandeln
1 Ei
1 TL Meersalz
Und: Mehl für die Arbeitsfläche und das Backblech
4 EL Milch zum Bestreichen
4 EL Sesamsamen zum Bestreuen

Zubereitungszeit: 45 Min.
(+ 1 Std. 25 Min. Gehzeit + 50 Min. Backzeit)
Bei 25 Scheiben pro Scheibe etwa: 477 kJ / 114 kcal
5 g EW / 4 g F / 15 g KH

Gelingt leicht

1 Für den Vorteig Weizen- und Sojamehl mit dem Hirsemehl in einer Schüssel vermischen, eine Mulde hineindrücken. Die Hefe in die Mulde bröckeln, mit Zucker, etwas Milch und etwas Mehl verrühren. Den Vorteig an einem warmen Ort 15 Min. gehen lassen.

2 Die gemahlenen und die gehackten Mandeln mit dem Ei und dem Salz in die Schüssel geben, alles mit dem Vorteig und der restlichen Milch vermengen. Den Teig kneten, bis er geschmeidig ist. Zugedeckt an einem warmen Ort 40 Min. gehen lassen.

3 Den Teig auf der bemehlten Arbeitsfläche nochmals gut durchkneten, einen länglichen Laib formen, diesen dreimal schräg etwa 1/2 cm tief einschneiden, mit Milch bepinseln und mit Sesam bestreuen. Die Samen leicht andrücken. Das Brot auf ein bemehltes Blech legen und 30 Min. zugedeckt gehen lassen.

4 Den Backofen auf 200° vorheizen. Eine feuerfeste Schale mit kochend heißem Wasser hineinstellen. Das Brot im Ofen (Mitte, Umluft 180°) 50 Min. backen. Auf einem Kuchengitter, mit einem Küchentuch bedeckt, auskühlen lassen.

Info: Sojamehl gibt es im Reformhaus als Vollsojamehl und entfettetes Sojamehl. Zum Brotbacken eignet sich vor allem das entfettete Mehl. Es verleiht dem Brot nicht nur einen kräftigen Geschmack, sondern reichert es zudem mit Nährstoffen wie Eiweiß und Eisen an.

Finnisches Malzbrot

Zutaten für 3 Kastenformen von 25 cm Länge:

300 g Paniermehl
300 g Weizenkleie
1 kg Weizenmehl, Type 405
1 EL Salz
1,1 l Sauermilch
2 Würfel Hefe (je 42 g)
300 g Gerstenmalz aus dem Reformhaus
Und: Mehl zum Arbeiten
1 EL Öl und
3 EL Weizenkleie für die Formen
100 g Zuckerrübensirup zum Bestreichen

Zubereitungszeit: 35 Min. (+ 2 Std. Gehzeit + 1 1/2 Std. Backzeit)
Bei je 15 Scheiben pro Scheibe etwa: 669 kJ / 160 kcal
7 g EW / 2 g F / 33 g KH

Frisch am besten

1 Alle Zutaten vor Backbeginn in der Küche Zimmertemperatur annehmen lassen. Paniermehl, Weizenkleie, Weizenmehl und Salz in einer großen Schüssel mit den Händen gut vermischen und lockern.

2 In die Mitte eine Mulde hineindrücken. 1/4 l von der lauwarmen Sauermilch abnehmen. Die Hefe und das Malz darin glattrühren. Diese Milch in die Mulde gießen und mit Mehl verrühren, danach die übrige Sauermilch unterrühren.

3 Den Teig 15 Min. mit den Knethaken des elektrischen Handmixers oder mit einem Holzlöffel durcharbeiten. Dann auf einer gut bemehlten Arbeitsfläche 5 Min. durchkneten, zu einer Kugel formen und zurück in die Schüssel legen. Mit einem Tuch bedeckt an einem warmen Ort 1 1/2 Std. gehen lassen.

4 Den Teig zusammenkneten, auf der bemehlten Arbeitsfläche zu einer Rolle formen und in 3 Teile teilen. Drei Kastenformen leicht einölen und mit Weizenkleie ausstreuen. Jede Form mit einem Teigstück füllen und zugedeckt an einem warmen Ort 30 Min. gehen lassen. Den Backofen auf 175° vorheizen.

5 Die Brote im Ofen (Mitte, Umluft 160°) 1 1/2 Std. backen. Nach 1 Std. die Formen kurz aus dem Ofen nehmen und die Brote dick mit Sirup einpinseln. Die Brote fertigbacken, kurz abkühlen lassen, vorsichtig auf ein Kuchengitter stürzen und auskühlen lassen.

Tip: Das Brot nicht im Folienbeutel aufbewahren, denn dann wird die Sirup-Kruste weich und schmierig. Am besten hält sich das Brot in einem Brotsäckchen oder in Brotpapier eingewickelt.

Zum Einfrieren schneidet man das Brot am besten in Scheiben und gibt sie in Portionen in Gefrierbeutel. Dann lassen sie sich später auch schneller auftauen.

Info: In Finnland werden die Brote auch als längliche Laibe angeboten. Vor allem in Westfinnland fehlen sie bei keinem festlichen Anlaß. Man ißt sie zu Weihnachten zu Graved Lachs oder Schinken in Senfkruste, Ostern natürlich zu hartgekochten Eiern und Salaten. Vor allem auch zum Johannisfest, eines der ganz großen Feste des Nordens, darf bei einem späten Essen mit Sommersalat und Frühkartoffeln das Malzbrot nicht fehlen.

Die Hefewürfel in die Milch bröckeln, das Malz dazugeben und in der Milch auflösen und glatt rühren.

Den Teig auf der bemehlten Arbeitsfläche zu einer Rolle formen und mit einem Messer in 3 gleich große Teile schneiden.

Die Formen aus dem Ofen holen, die Oberfläche der Brote dick mit Sirup einpinseln und die Formen wieder in den Ofen stellen.

Zutaten für 2 runde Fladen:

500 g Weizenmehl, Type 405
1 Würfel Hefe (42 g)
1/4 l lauwarmes Wasser
1/2 TL Salz
Und: Mehl zum Arbeiten
etwas Öl für die Hände
und für 2 Backbleche
1 Eigelb, 1 TL Zucker und
1 TL Olivenöl zum Bestreichen
2 EL Sesamsamen und
1 TL Schwarzkümmel
zum Bestreuen

Zubereitungszeit: 35 Min.
(+ 45 Min. Gehzeit
+ 30 Min. Backzeit)
Bei je 4 Stücken pro Stück
etwa: 1100 kJ / 263 kcal
12 g EW / 5 g F/ 48 g KH

Frisch am besten

Türkisches Fladenbrot

1 Das Mehl in einer Schüssel mit den Händen auflockern, eine Mulde hineindrücken. Die Hefe in 1/8 l lauwarmem Wasser auflösen, in die Mulde gießen. Das Salz auf den Rand streuen. Die Hefe mit etwas Mehl verrühren, mit dem übrigen Wasser nach und nach unter das gesamte Mehl arbeiten.

2 Die Hände leicht einölen und den Teig 5 Min. gründlich durchschlagen, bis der Teig Blasen wirft. Den Teig zugedeckt an einem warmen Ort 30 Min. auf etwa das Doppelte aufgehen lassen.

3 Den Teig zusammenkneten, halbieren und auf der bemehlten Arbeitsfläche zu Kugeln formen. Mit den Händen von der Mitte aus zu zwei flachen, runden Fladen von 25 cm Durchmesser drücken. Dabei sollen die Ränder etwas wulstig bleiben.

4 Dann zwei Bleche leicht einölen und die Fladen darauf legen. Vier Finger einer Hand geschlossen halten, die Spitzen leicht in Wasser tauchen und Reihen von Vertiefungen erst längs, dann quer in die Fladen drücken, so daß das typische Rautenmuster entsteht. Den Backofen auf 225° (Umluft 200°) vorheizen.

5 Eigelb, Zucker, Olivenöl und 1 EL Wasser verquirlen, die Fladen damit einpinseln. Sesam und Schwarzkümmel darüber streuen. 15 Min. zugedeckt an einem warmen Ort gehen lassen. Die Fladen 5 Min. im Ofen (Mitte) backen. 50 ml Wasser bereithalten, die Ofentür kurz öffnen, das Wasser mit einem Guß auf den Ofenboden gießen, so daß ein Dampfstoß entsteht. Die Tür rasch wieder schließen. Die Fladen 10 Min. weiterbacken, bis sie leicht gebräunt sind, dann herausnehmen und auf einem Kuchengitter auskühlen lassen.

Zutaten für 1 Backblech:

- 50 g Gerste
- 500 g Weizen-Vollkornmehl
- 1 Würfel Hefe (42 g)
- 300 ml lauwarmes Wasser
- 1 TL Zucker
- je 50 g grüne und schwarze Oliven
- 50 g getrocknete Tomaten, in Öl eingelegt
- 1 TL Fenchelsamen
- 1 Knoblauchzehe · 1 EL Kapern
- 1 TL Meersalz
- 1 TL getrockneter Oregano
- 1 TL getrockneter Salbei
- 1 EL Pinienkerne
- 50 g Schweineschmalz
- 1 EL Olivenöl
- Und: Mehl zum Arbeiten
- Olivenöl zum Bestreichen und für das Backblech

Zubereitungszeit: 45 Min. (+ 10 Std. Einweichzeit + 45 Min. Kochzeit + 1 Std. Gehzeit + 30 Min. Backzeit)
Bei 12 Stücken pro Stück etwa: 987 kJ / 236 kcal 8 g EW / 7 g F / 38 g KH

Für Gäste

Sizilianischer Gewürzfladen

1 Die Gerstenkörner in 1/4 l lauwarmem Wasser 8–10 Std. einweichen. Das Einweichwasser abgießen und die Körner in 1/2 l frischem Wasser 45 Min. kochen, dann abgießen und lauwarm werden lassen.

2 Das Weizenmehl in eine Schüssel geben, eine Mulde hineindrükken. Die Hefe in die Mulde bröckeln, mit dem Zucker bestreuen und mit 100 ml lauwarmem Wasser und etwas Mehl zu einem Vorteig verrühren. Zugedeckt an einem warmen Ort 20 Min. gehen lassen.

3 Die Oliven entsteinen, die Tomaten abtropfen lassen, beides kleinschneiden. Die Fenchelsamen im Mörser zerstoßen, den Knoblauch schälen und durch die Presse drücken. Die Kapern abtropfen lassen.

4 Die vorbereiteten Zutaten mit dem Salz, den getrockneten Kräutern, den Pinienkernen, dem Schmalz und dem Olivenöl auf den Mehlrand geben. 150 ml lauwarmes Wasser hinzufügen und alles zu einem geschmeidigen Teig verkneten. Bei Bedarf noch 50 ml Wasser mehr unterarbeiten.

5 Den Teig zugedeckt 30 Min. gehen lassen, dann auf der gut bemehlten Arbeitsfläche etwa 1 cm dick ausrollen. Ein Backblech einölen und mit dem Teig belegen. Die Oberfläche mit Olivenöl bepinseln und mit einer Gabel mehrmals einstechen. Die Teigplatte zugedeckt 10 Min. gehen lassen. Den Backofen auf 200° (Umluft 180°) vorheizen. Den Gewürzfladen im Ofen (Mitte) in 25–30 Min. goldbraun backen .

Tip: Italienisches Flair kommt auf, wenn Sie den ofenwarmen Gewürzfladen zu Parmaschinken, Schafskäse und Oliven servieren.

Zutaten für
1 Kastenform von 25 cm Länge:

100 g Hirse
400 g Weizen
50 g frische Hefe
230 ml Wasser
1/8 l Milch
2 TL Meersalz · 1 EL Honig
100 g feines Maismehl (aus dem Reformhaus)
1 EL Rosmarinnadeln
1/2 TL Paprikapulver, rosenscharf
1 EL kaltgepreßtes Olivenöl
Und: Butter und Maismehl für die Form
Mehl zum Arbeiten

Zubereitungszeit: 35 Min. (+ 12 Std. Quellzeit + 40 Min. Gehzeit + 1 Std. Backzeit)
Bei 20 Scheiben pro Scheibe etwa: 418 kJ / 100 kcal
5 g EW / 2 g F / 22 g KH

Vollwertig

Amerikanisches Hirsebrot

1 Die Hirse heiß waschen, mit 130 ml gerade nicht mehr kochendem Wasser übergießen und über Nacht bei Zimmertemperatur quellen lassen.

2 Den Weizen mehlfein mahlen. Die Hefe zerbröckeln und in 2 EL lauwarmem Wasser anrühren. In der Rührschüssel mit Milch, dem restlichen Wasser, Salz und Honig vermischen. Das Weizen- und Maismehl untermengen. Die Rosmarinnadeln kleinschneiden. Dann die gequollene Hirse nach Bedarf abgießen und samt Rosmarin, Paprikapulver und Öl unterkneten. Den Teig gut zugedeckt bei Zimmertemperatur 20 Min. gehen lassen.

3 Die Form einfetten und mit Maismehl ausstreuen. Den Teig nochmals kurz mit bemehlten Händen durchkneten und in die Form legen. Zugedeckt 20 Min. gehen lassen. Dann mit Wasser bestreichen.

4 Den Backofen auf 200° vorheizen. Eine feuerfeste Schale mit kochend heißem Wasser hineinstellen. Das Brot im Ofen (unten, Umluft 180°) 1 Std. backen. Das Brot aus der Form lösen, die Klopfprobe (Seite 26) machen und bei Bedarf auf dem Backblech noch 5–10 Min. nachbacken. Auf einem Kuchengitter auskühlen lassen.

Portugiesisches Maisbrot

1 Die Hefe in 2 EL lauwarmem Wasser auflösen. Mit dem restlichen Wasser, Weizen- und Maismehl, Salz und Cayennepfeffer in der Rührschüssel zu einem glatten Teig verkneten. Den Teig zugedeckt bei Zimmertemperatur 20–30 Min. gehen lassen.

2 Dann das Öl mit feuchten Händen unterkneten. Das Brot auf der bemehlten Arbeitsfläche zu einem runden Laib formen. Die Form einfetten, mit Maismehl ausstreuen, das Brot hineinsetzen und mit Maismehl bestreuen. Das Brot gut zugedeckt 30 Min. gehen lassen.

3 Den Backofen auf 225° (Umluft 200°) vorheizen. Eine feuerfeste Schale mit kochend heißem Wasser hineinstellen. Das Brot einmal quer über die Mitte einschneiden. Im Ofen (Mitte) 15 Min. backen; die Wasserschale entfernen und das Brot weitere 15–20 Min. backen. Aus der Form lösen und auf einem Kuchengitter auskühlen lassen.

Zutaten für
1 Springform von 25 cm ø:

1 Würfel Hefe (42 g)
400–500 ml lauwarmes Wasser
300 g Weizenmehl, Type 405
300 g feines Maismehl · 2 TL Salz
1 Prise Cayennepfeffer
1 EL kaltgepreßtes Olivenöl
Und: Maismehl zum Arbeiten

Zubereitungszeit: 1 Std. (+ 1 Std. Gehzeit)
Bei 10 Stücken pro Stück etwa: 544 kJ / 130 kcal
4 g EW / 2 g F / 25g KH

Gelingt leicht

Schwedisches Buchweizenbrot

Zutaten für 1 Kastenform von 30 cm Länge:

100 g Leinsamen
375 ml lauwarmes Wasser
200 g Buchweizenmehl
200 g Weizen-Vollkornmehl
100 g Sojamehl
1 Tütchen Trockenhefe (7 g, für 500 g Mehl)
1 TL Meersalz
1/8 l lauwarme Dickmilch
Und: Butter für die Form

Zubereitungszeit: 30 Min. (+ 5 Std. Einweichzeit + 1 1/2 Std. Gehzeit + 1 Std. Backzeit)
Bei 20 Scheiben pro Scheibe etwa: 473 kJ / 113 kcal
5 g EW / 2 g F / 20 g KH

Gelingt leicht

1 Den Leinsamen bis auf 1 EL 5 Std. in dem warmen Wasser einweichen. Buchweizen- und Weizen-Vollkornmehl mit Sojamehl, Trockenhefe und Salz in einer Rührschüssel mischen.

2 Den eingeweichten Leinsamen mit der Flüssigkeit und der Dickmilch in die Mehlmischung schütten und alles zu einem geschmeidigen, feuchten Teig verkneten.

3 Den Teig zugedeckt an einem warmen Ort 1 Std. gehen lassen, danach nochmals kräftig durchkneten. Die Form mit Butter ausstreichen. Den Hefeteig in die Form füllen und glattstreichen. Ein scharfes Messer in kaltes Wasser tauchen und damit den Brotteig der Länge nach etwa 1 cm tief einschneiden. Den Teig nochmals zugedeckt 30 Min. gehen lassen.

4 Den Backofen auf 250° (Umluft 220°) vorheizen. Eine feuerfeste Schale mit kochend heißem Wasser hineinstellen. Den Brotteig mit lauwarmem Wasser bepinseln und mit dem restlichen Leinsamen bestreuen. Das Brot im Ofen (Mitte) 10 Min. backen, dann die Hitze auf 200° (Umluft 180°) herunterschalten und das Brot weitere 50 Min. backen. Das Brot anschließend noch 10 Min. im ausgeschalteten Ofen stehen lassen.

Das besondere Rezept !

Überraschen Sie Ihre Gäste einmal mit einem besonders gesunden und köstlichen Brot, das es nicht zu kaufen gibt. Die Leinsamen reichern das Brot mit Nähr- und Ballaststoffen an, was der Verdauung zugute kommt. Buchweizen enthält Lysin, eine essentielle Aminosäure, und verleiht dem Brot einen zart nussigen Geschmack. Darüber hinaus gelingt es leicht, und die reine Arbeitszeit beträgt auch nur 30 Min. Zu dem feinen Aroma des Brotes paßt beinahe alles. Ganz stilecht könnten Sie es zu Graved Lachs essen, aber auch zu würzigem Schinken oder Käse schmeckt es prima.

Zutaten für 1 Zopf:

75 g kleine Rosinen
500 g Weizenmehl, Type 405
1/2 Würfel Hefe (21 g)
1 TL Zucker
knapp 1/4 l lauwarmes Wasser
1 TL Salz
1 Ei
5 EL Öl
Und: Weizenmehl zum Arbeiten
Backpapier für das Backblech
Milch zum Bestreichen
3 EL Hagelzucker zum Bestreuen

Zubereitungszeit: 45 Min. (+ 1 Std. 10 Min. Gehzeit + 35 Min. Backzeit)
Bei 20 Scheiben pro Scheibe etwa: 519 kJ / 124 kcal
4 g EW / 3 g F/ 23 g KH

Frisch am besten

Rosinenzopf

1 Die Rosinen waschen und in einer Tasse in Wasser einweichen. Das Mehl in eine Schüssel geben, eine Mulde hineindrücken. Die Hefe in die Mulde bröckeln und mit dem Zucker und etwas lauwarmem Wasser verrühren. Leicht mit Mehl bestäuben und zugedeckt an einem warmen Ort 10 Min. gehen lassen.

2 Das restliche Wasser, das Salz, das Ei und das Öl dazugeben, alles zu einem glatten Teig verkneten. Zugedeckt an einem warmen Ort 30 Min. gehen lassen.

3 Die Rosinen gut abtropfen lassen und mit einem Küchentuch abtrocknen. Den Teig auf der leicht bemehlten Arbeitsfläche noch einmal durchkneten und dabei die Rosinen unterkneten. Den Teig in drei Portionen teilen, jede Portion zu einer etwa 30 cm langen Rolle formen und die Rollen zu einem Zopf flechten.

4 Den Zopf auf ein mit Backpapier belegtes Blech setzen und zugedeckt noch 30 Min. bei Zimmertemperatur gehen lassen.

5 Den Backofen rechtzeitig auf 200° vorheizen. Den Rosinenzopf mit Milch bestreichen und mit dem Hagelzucker bestreuen. Im Ofen (Mitte, Umluft 180°) 35 Min. backen. Auf einem Kuchengitter auskühlen lassen.

Tip: Statt der Rosinen können Sie auch gehackte Walnußkerne, Zitronat oder Orangeat unter den Teig kneten und so für Abwechslung sorgen.

Zutaten für
1 Kastenform von 30 cm Länge:

500 g Weizenmehl, Type 550
1/2 Würfel Hefe (21 g)
1 TL Zucker
100 ml lauwarme Milch
100 ml frisch gepreßter Orangensaft
abgeriebene Schale von 1 unbehandelten Orange
100 g Joghurt
1 Ei
50 g weiche Butter
Und: Weizenmehl zum Arbeiten
Öl für die Form

Zubereitungszeit: 45 Min. (+ 1 Std. 40 Min. Gehzeit + 30 Min. Backzeit)
Bei 16 Scheiben pro Scheibe etwa: 602 kJ / 114 kcal
5 g EW / 4 g F/ 24 g KH

Gelingt leicht

Orangenbrot

1 Das Mehl in eine Schüssel geben, eine Mulde hineindrücken. Die Hefe in die Mulde bröckeln und mit dem Zucker und etwas Milch verrühren. Leicht mit Mehl bestäuben und zugedeckt an einem warmen Ort 10 Min. gehen lassen.

2 Die restliche Milch, den Orangensaft, die Orangenschale, den Joghurt, das Ei und die Butter dazugeben und alles zu einem glatten Teig verkneten. Zugedeckt an einem warmen Ort 1 Std. gehen lassen.

3 Die Form mit Öl auspinseln. Den Teig auf der bemehlten Arbeitsfläche noch einmal durchkneten, zu einer langen Rolle formen und in die Form legen. Zugedeckt noch 30 Min. gehen lassen.

4 Den Backofen rechtzeitig auf 200° (Umluft 180°) vorheizen. Das Brot im Ofen (unten) in 30 Min. hellbraun backen. Kurz in der Form abkühlen lassen, dann auf ein Kuchengitter stürzen und auskühlen lassen.

Variante:
Süßes Sonnenblumen-Rosinen-Brot

Zusätzlich etwa 100 g Sonnenblumenkerne sowie 75 g kleine Rosinen unter den Teig kneten. Diesen gut aufgehen lassen und wie beschrieben backen – in der Kastenform oder zu einem Laib geformt auf Backpapier.

Tips: Das süße Brot schmeckt mit Butter und Marmelade oder Honig bestrichen am besten. Es schmeckt auch noch nach zwei Tagen, und Scheiben davon lassen sich gut im Toaster rösten.

SAUERTEIGBROTE

Zutaten für 1 längliches Brot:

250 g Weizen-Vollkornmehl
175 g Weizenmehl, Type 1050
1 Würfel Hefe (42 g)
1/8 l lauwarmes Wasser
1 TL Rohrzucker
330 ml Bier
1 EL Salz
1 TL gemahlenes Brotgewürz
1 Päckchen flüssiger Natursauerteig (150 g)
50 g Weizenflocken
50 g Weizenkeime
300 g Roggenschrot
Und: Weizen-Vollkornmehl zum Arbeiten
Backpapier für das Backblech

Zubereitungszeit: 45 Min.
(+ 2 Std. 40 Min. Gehzeit
+ 1 Std. Backzeit
+ 12 Std. Ruhezeit)
Bei 25 Scheiben pro Scheibe etwa: 514 kJ / 123 kcal
6 g EW / 1 g F / 25 g KH

Lange haltbar

Landbrot

1 Die beiden Mehlsorten in einer Schüssel vermischen. Eine Mulde hineindrücken, die Hefe in die Mulde bröckeln und mit dem Wasser und dem Zucker verrühren. Leicht mit Mehl bestäuben und zugedeckt an einem warmen Ort 10 Min. gehen lassen.

2 Das Bier, Salz, Brotgewürz, Natursauerteig, Weizenflocken, Weizenkeime sowie Roggenschrot dazugeben und alles gründlich verkneten. Zugedeckt an einem warmen Ort 1 Std. gehen lassen.

3 Den Teig auf der bemehlten Arbeitsfläche noch einmal kräftig durchkneten. Zu einem länglichen Laib formen und auf ein mit Backpapier belegtes Blech setzen.

4 Das Brot diagonal mehrmals etwa 1 cm tief einschneiden und zugedeckt bei Zimmertemperatur noch 1 1/2 Std. gehen lassen.

5 Den Backofen rechtzeitig auf 225° (Umluft 200°) vorheizen. Eine feuerfeste Schale mit kochend heißem Wasser hineinstellen. Das Brot im Ofen (Mitte) 15 Min. backen, dann die Hitze auf 175° (Umluft 160°) herunterschalten und das Brot in 45 Min. fertig backen. Das Brot zum Abkühlen fest in ein sauberes Küchentuch wickeln und darin einen Tag ruhen lassen.

Zutaten für
1 Tontopf von 30 x 17 cm :

1 kg Roggen
400 g Weizen
4 TL Kümmel
2 TL Korianderkörner
1 TL Fenchelsamen
1/2 Würfel Hefe (21 g)
800 ml – 1 l Wasser
4 TL Meersalz
3 Päckchen Sauerteig-Extrakt (je 15 g, aus dem Reformhaus)
Und: Butter, Sesamsamen und Weizenmehl für den Tontopf
2 EL Sonnenblumenkerne zum Bestreuen

Zubereitungszeit: 30 Min. (+ 2 Std. Gehzeit + 4 Std. Backzeit)
Bei 25 Scheiben pro Scheibe etwa: 812 kJ / 194 kcal
8 g EW / 2 g F / 41 g KH

Vollwertig

Krustenbrot aus dem Tontopf

1 Den Tontopf wässern, dafür Deckel und Topf mit Wasser füllen. Inzwischen Roggen und Weizen mitsamt Kümmel, Koriander und Fenchel mehlfein mahlen (oder die Gewürze im Mörser zerstoßen, und unter das Vollkornmehl mischen).

2 Die Hefe zerbröckeln und in 1 EL lauwarmem Wasser auflösen. In einer Schüssel mit dem kalten Wasser, Salz, Sauerteig-Extrakt und Mehl zu einem geschmeidigen festen Teig verkneten. Den Teig zu einer Kugel formen und in der Schüssel mit einem feuchten Tuch bedeckt an einem warmen Ort 1 Std. gehen lassen.

3 Das Wasser aus dem Tontopf gießen. Etwas Butter zerlassen und den Topf damit auspinseln. Dann mit Sesam und Mehl ausstreuen. Den Teig nochmals gut durchkneten, zu einem passenden Laib formen und in den Tontopf füllen. Oben ein Gittermuster einschneiden. Mit Sonnenblumenkernen bestreuen und diese festdrücken. Den Deckel aufsetzen und das Brot nochmals 1 Std. an einem warmen Ort gehen lassen.

4 Das Brot in den kalten Ofen (unten) schieben und zugedeckt bei 150° (Umluft 120°) 3 Std. backen. Dann den Deckel abnehmen und das Brot bei 200° (Umluft 180°) 50–60 Min. weiterbacken. Das Brot aus der Form lösen und an der Unterseite die Klopfprobe (Seite 26) machen. Bei Bedarf nochmals für 5–10 Min. nachbacken. Das Brot auf ein Kuchengitter zum Auskühlen legen.

Tips: Sauerteig geht bei einer Temperatur von 28° optimal. Sie sollte nicht unter 25° fallen. Diese Temperatur erreichen Sie am besten im geschlossenen Backofen bei eingeschalteter Backofenleuchte.

Sie können den Teig übrigens auch halbieren und hintereinander zwei Brote im Tontopf backen. Diese Brote sind dann nicht so hoch, bekommen aber eine besonders knusprige Kruste. Die Backzeit bleibt gleich.

Zutaten für 2 ovale Brote:

500 g Weizen-Vollkornmehl
400 g grob geschrotetes Sechskorngetreide (Weizen, Roggen, Hafer, Gerste, Dinkel, Buchweizen – siehe Tips)
50 g Leinsamen
1 Päckchen Sauerteig-Extrakt (15 g, aus dem Reformhaus)
2 Päckchen Trockenhefe (je 7 g, für je 500 g Mehl)
3 TL Salz
2 TL gemahlenes Brotgewürz
1 TL Zucker
etwa 700 ml lauwarmes Wasser
Und: Weizen-Vollkornmehl zum Arbeiten
Backpapier für das Backblech
etwas Getreideschrot zum Bestreuen

Zubereitungszeit: 45 Min. (+ 2 Std. Gehzeit + 1 Std. Backzeit)
Bei je 18 Scheiben pro Scheibe etwa: 403 kJ / 96 kcal
4 g EW / 1 g F / 20 g KH

Lange haltbar

Sechskornbrot

1 Alle Zutaten für den Teig mit der Küchenmaschine oder den Knethaken des elektrischen Handmixers ausgiebig zu einem glatten Teig verkneten (er ist recht feucht!). Den Teig mit einem feuchten Tuch zugedeckt an einem warmen Ort 1 1/2 Std. gehen lassen.

2 Den Teig in der Schüssel noch einmal kurz durchkneten. Mit gut bemehlten Händen aus der Schüssel nehmen und auf der bemehlten Arbeitsfläche noch einmal kräftig durchkneten. Dann in zwei gleich große Portionen teilen und zu ovalen, dicken Laiben formen. Nebeneinander auf ein mit Backpapier belegtes Blech legen und zugedeckt noch 30 Min. gehen lassen.

3 Den Backofen rechtzeitig auf 200° (Umluft 180°) vorheizen. Eine feuerfeste Schale mit kochend heißem Wasser hineinstellen. Die Brote eventuell mit den Händen wieder etwas zusammenschieben, leicht mit Wasser bepinseln und mit etwas Schrot bestreuen.

4 Die Brote im Ofen (Mitte) 15 Min. backen. Dann die Hitze auf 175° (Umluft 160°) herunterschalten und die Brote weitere 45 Min. backen. Auf einem Kuchengitter auskühlen lassen, dabei mit einem Tuch abdecken.

Tips: Das Sechskorngetreide gibt es bereits gemischt und abgepackt im Reformhaus zu kaufen. Wenn Sie keine Getreidemühle haben, lassen Sie sich das Getreide beim Einkauf vom Händler schroten.

Der Teig ist vor dem Backen recht feucht und klebrig. Bitte nicht zusätzlich Mehl dazugeben, sonst werden die fertigen Brote zu trocken.

Korianderbrot

Zutaten für 1 rundes Brot:

1 Päckchen flüssiger Natursauerteig (150 g)
1 1/4 l lauwarmes Wasser
1,2 kg Roggen-Vollkornmehl
450 g Weizen-Vollkornmehl
1 1/2 EL Meersalz
4 EL grob gestoßener Koriander
2 EL Honig
1 1/2 Würfel Hefe (63 g)
Und: Mehl zum Arbeiten und für das Backblech
1 großer runder Backkorb
2 EL Korianderkörner zum Bestreuen

Zubereitungszeit: 1 Std.
(+ 12 Std. Gärzeit
+ 7 Std. Gehzeit
+ 1 1/2 Std. Backzeit
+12 Std. Auskühlzeit)
Bei 50 Scheiben pro Scheibe etwa:
494 kJ / 118 kcal
5 g EW / 1 g F / 25 g KH

Für Geübte

1 Den Sauerteig mit 1/2 l lauwarmem Wasser verrühren, 400 g Roggenmehl unterrühren und mit Frischhaltefolie zugedeckt 12 Std., am besten über Nacht, an einem warmen Ort gären lassen.

2 Am nächsten Tag das restliche Roggenmehl mit dem Weizenmehl, Salz und Koriander in einer großen Schüssel vermischen. Honig und Hefe mit einem Schneebesen in 3/4 l lauwarmem Wasser auflösen, mit dem Sauerteig zum Mehl geben. Alles gut durcharbeiten, bis ein geschmeidiger Teig entsteht. Den Teig mit Mehl bestäuben und zugedeckt an einem warmen Ort 5–6 Std. gehen lassen. Zwischendurch einmal durchkneten und mit Mehl bestäuben. Zum Schluß nochmals 10 Min. durchkneten.

3 Den Backkorb gut mit Mehl ausstreuen, den Teig hineingeben und zugedeckt an einem warmen Ort 1 Std. gehen lassen. Den Backofen auf 250° (Umluft 220°) vorheizen. Eine feuerfeste Schale mit kochend heißem Wasser hineinstellen. Ein Backblech mit Mehl bestreuen.

4 Den Teig auf das Blech stürzen, die Korianderkörner darüber streuen und andrücken. Das Brot im Ofen (unten) 20 Min. backen, dann die Hitze auf 190° (Umluft 170°) herunterschalten und das Brot in 1 Std. fertigbacken. Die Klopfprobe (Seite 26) machen und nach Bedarf noch 5–10 Min. weiterbacken. Den Ofen ausschalten und das Brot noch 10 Min. bei Resthitze ruhen lassen. Herausnehmen und mit Wasser besprengen. Auf einem Kuchengitter 12 Std. auskühlen lassen.

Tip: Sie können aus dem Teig natürlich auch 2 kleinere Brote formen (siehe Foto). Die Klopfprobe dann schon nach 30 Min. machen.

Der Tip vom Profi !

Kleinere Mengen Getreide lassen sich auch bei Zimmertemperatur einige Wochen lagern. Das Getreide muß aber absolut trocken bleiben. Ob die Körner trocken genug sind, können Sie ganz einfach überprüfen, indem Sie ein Korn mit einem Löffel auf einer harten Unterlage zerdrücken. Knackt es hörbar und springt es weg, ist das Korn gut trocken. Läßt es sich zu einer Flocke zerdrücken oder schmiert es, ist es zu feucht. In diesem Fall den Backofen 10 Min. auf 50° vorheizen, den Ofen ausschalten und die auf einem Blech ausgebreiteten Körner 1 Std. trocknen lassen.

Zutaten für 1 rundes Brot:

600 g Roggen
150 g Weizen
1 EL Kümmel
1 EL Anis
1 Würfel Hefe (42 g)
450 ml lauwarmes Wasser
2 TL Salz
1 Päckchen flüssiger Natursauerteig (150 g)
Und: Weizenmehl zum Arbeiten
Butter für das Backblech
2 TL Korianderkörner zum Bestreuen

Zubereitungszeit: 30 Min. (+ 1 1/2 Std. Gehzeit + 1 Std. Backzeit)
Bei 14 Scheiben pro Scheibe etwa: 824 kJ / 197 kcal
9 g EW / 2 g F / 41 g KH

Gelingt leicht

Fränkisches Bauernbrot

1 Roggen, Weizen, Kümmel und Anis mehlfein mahlen (oder die Gewürze im Mörser zerstoßen und unter das Vollkornmehl mischen). Die Hefe zerbröckeln und in 1 El lauwarmem Wasser auflösen. In einer Rührschüssel mit dem restlichen Wasser und Salz vermischen. Den Sauerteig unterrühren und das gewürzte Mehl untermengen.

2 Alles zu einem glatten saftigen Teig verkneten. Bei Bedarf noch etwas Mehl oder Wasser dazugeben. Den Teig zugedeckt an einem warmen Ort 1 Std. gehen lassen.

3 Den Teig auf der bemehlten Arbeitsfläche nochmals kräftig durchkneten und zu einem runden Laib formen. Ein Backblech einfetten, den Laib darauf legen und ein versetztes Doppelkreuz einschneiden. Das Brot mit Wasser bestreichen und mit den Korianderkörnern bestreuen. Die Körner etwas andrücken. Das Brot zugedeckt nochmals 30 Min. gehen lassen.

4 Den Backofen auf 220° vorheizen. Eine feuerfeste Schale mit kochend heißem Wasser hineinstellen. Das Brot im Ofen (unten, Umluft 200°) 1 Std. backen. Dann aus dem Ofen nehmen, die Klopfprobe (Seite 26) machen und nach Bedarf noch 5–10 Min. weiterbacken. Das Brot auf einem Kuchengitter auskühlen lassen.

Das Bauernbrot paßt gut zur Brotzeit mit Wein oder Bier.

Tip: Statt das Brot mit Roggen und Weizen zuzubereiten, können Sie für ein Mehrkornbrot eine Mehlmischung aus 200 g Roggen, 200 g Gerste und 350 g Weizen verwenden.

Zutaten für
1 Kastenform von 30 cm Länge:

340 g Roggen
340 g Weizen
10 g frische Hefe
450 ml lauwarmes Weizenbier
1 EL Meersalz
1 Päckchen flüssiger Natursauerteig (150 g)
70 g Weizenmehl, Type 550
1 EL Kümmel
2 TL Anis
1 TL Fenchelsamen
Und: Butter und Mehl für die Form
1 EL Haferflocken zum Bestreuen

Zubereitungszeit: 30 Min. (+ 3 1/2 Std. Gehzeit + 1 Std. Backzeit)
Bei 27 Scheiben pro Scheibe etwa: 414 kJ / 99 kcal
4 g EW / 1 g F / 21 g KH

Gelingt leicht

Schwäbisches Kastenbrot

1 Roggen und Weizen mehlfein mahlen. Die Hefe zerbröckeln und in 2 EL lauwarmem Wasser auflösen. Das Bier in eine Rührschüssel gießen und mit der Hefe und dem Salz vermischen. Den Sauerteig unterrühren. Den gemahlenen Roggen und Weizen unterrühren und das Weizenmehl samt Kümmel, Anis und Fenchel untermengen.

2 Alles zu einem glatten saftigen Teig verkneten. Den Teig zu einer Kugel formen und in der Schüssel von einem feuchten Tuch bedeckt an einem warmen Ort 3 Std. gehen lassen.

3 Den Teig nochmals kurz durchkneten. Die Form einfetten und mit Mehl ausstreuen. Den Teig einfüllen und mit einem angefeuchteten Spatel wellenförmig formen. Das Brot nochmals zugedeckt an einem warmen Ort 30 Min. gehen lassen.

4 Den Backofen auf 220° vorheizen. Eine feuerfeste Schale mit kochend heißem Wasser hineinstellen. Das Brot im Ofen (unten, Umluft 200°) 50 Min. backen, dann herausnehmen, rasch mit etwas Wasser bestreichen und mit Haferflocken bestreuen. Das Brot zurück in den Backofen schieben und weitere 10 Min. backen.

5 Das Brot aus der Form lösen und die Klopfprobe (Seite 26) machen. Bei Bedarf nochmals ohne Form auf dem Backblech 5–10 Min. nachbacken. Dann auf ein Kuchengitter geben und auskühlen lassen.

Das Brot paßt gut zur Brotzeit mit Bier.

Zutaten für 4 Stangen:

1 Würfel Hefe (42 g)
450–500 ml Wasser
1 EL Meersalz
1 Päckchen flüssiger Natursauerteig (150 g)
750 g Weizen-Vollkornmehl
4 EL kaltgepreßtes Olivenöl
2 EL Kräuter der Provence
Und: Mehl zum Arbeiten und für das Backblech
Mohn und Sesamsamen zum Bestreuen

Zubereitungszeit: 45 Min. (+ 1 1/2 Std. Gehzeit + 40 Min. Backzeit)
Bei je 12 Scheiben pro Scheibe etwa: 259 kJ / 62 kcal
2 g EW / 1 g F / 12 g KH

Vollwertig

Bauernstange

1 Die Hefe in 2 EL lauwarmem Wasser auflösen. In einer Schüssel mit dem restlichen Wasser, Salz, Sauerteig und Mehl verkneten, bis sich der Teig vom Schüsselrand löst. Den Teig auf der bemehlten Arbeitsfläche nochmal durchkneten. Bei Bedarf etwas Wasser oder Mehl dazugeben. Mit Mehl bestreuen und in der Schüssel mit einem feuchten Tuch bedeckt 1 Std. an einem warmen Ort gehen lassen.

2 Den Teig mit Öl und Kräutern verkneten. In vier gleich große Teile teilen, zu Stangen formen und quer nebeneinander auf ein bemehltes Backblech legen. Oben mehrmals schräg einschneiden, mit Wasser bepinseln und mit Mohn und Sesam bestreuen. Unter einem feuchten Tuch an einem warmen Ort 30 Min. gehen lassen.

3 Den Backofen auf 200° vorheizen. Eine feuerfeste Schale mit kochend heißem Wasser hineinstellen. Die Brote im Ofen (Mitte, Umluft 180°) 30 Min. backen; dann die Hitze auf 170° (Umluft 150°) herunterschalten und die Bauernstangen in 10 Min. fertigbacken.

Roggen-Zwiebel-Stange

1 Die beiden Mehlsorten mischen, eine Mulde hineindrücken. Die Hefe in die Mulde bröckeln und mit dem Zucker und etwas Wasser verrühren. Mit Mehl bestäuben und zugedeckt an einem warmen Ort 10 Min. gehen lassen.

2 Den Sauerteig, das restliche Wasser, Salz, Brotgewürz, Zwiebeln und das Öl dazugeben. Alles zu einem glatten Teig verkneten und zugedeckt an einem warmen Ort 30 Min. gehen lassen.

3 Den Teig noch einmal gut durchkneten. Mit bemehlten Händen halbieren. Jede Hälfte zu einer etwa 30 cm langen Stange formen. Auf ein mit Backpapier belegtes Backblech setzen und zugedeckt noch 30 Min. gehen lassen.

4 Den Backofen rechtzeitig auf 200° (Umluft 180°) vorheizen. Eine feuerfeste Schale mit kochend heißem Wasser hineinstellen. Die Brote mit einer Gabel mehrmals tief einstechen und leicht mit Wasser einpinseln, im Ofen (Mitte) 30 Min. backen. Auf einem Kuchengitter auskühlen lassen.

Zutaten für 2 Brote:

250 g Roggen-Vollkornmehl
500 g Weizen-Vollkornmehl
1 Würfel Hefe (42 g)
1 TL Rohrzucker
450 ml lauwarmes Wasser
1 Päckchen flüssiger Natursauerteig (150 g) 1 EL Salz
1 TL gemahlenes Brotgewürz
100 g Röstzwiebeln
3 EL Olivenöl
Und: Backpapier für das Blech

Zubereitungszeit: 25 Min. (+ 1 Std. 10 Min. Gehzeit + 30 Min. Backzeit)
Bei je 20 Scheiben pro Scheibe etwa: 330 kJ / 79 kcal
3 g EW / 19 g F / 16 g KH

Lange haltbar

Gewürzbrot

Zutaten für 1 rundes Brot:

Für den Sauerteig:
10 g frische Hefe
1/4 l lauwarmes Wasser
150 g Roggenschrot
1 EL Roggen-Vollkornmehl
Für den Brotteig:
1 Würfel Hefe (42 g)
1 TL flüssiger Honig
1/2 l lauwarmes Wasser
250 g Roggenschrot
250 g Roggen-Vollkornmehl
400 g Weizen-Vollkornmehl
1 EL Meersalz
1 TL gemahlener Koriander
1 TL gemahlener Anis
1 TL gemahlener Kümmel
Und: Mehl zum Arbeiten und für das Backblech

Zubereitungszeit: 1 Std. (+ 3–5 Tage Gärzeit für den Sauerteig + 5 Std. Gehzeit + 1 Std. 20 Min. Backzeit + 12 Std. Auskühlzeit)
Bei 25 Scheiben pro Scheibe etwa: 619 kJ / 148 kcal
7 g EW / 1 g F / 31 g KH

Für Geübte

1 Für den Sauerteig die Hefe zerbröckeln, mit dem lauwarmen Wasser und dem Roggenschrot mischen, mit Roggenmehl bestäuben und zugedeckt bei Zimmertemperatur 3–5 Tage gären lassen. Das Mehl muß Risse zeigen und der Teig angenehm säuerlich riechen.

2 Für den Brotteig die Hefe zerbröckeln, mit 100 g Sauerteigansatz, dem Honig, dem lauwarmen Wasser, Roggenschrot, Roggen- und Weizenmehl, Salz und den Gewürzen zu einem geschmeidigen Teig verkneten. Dann zugedeckt an einem warmen Ort 4 Std. gehen lassen.

3 Den Teig auf der bemehlten Arbeitsfläche nochmals kräftig durchkneten und zu einem runden Laib formen. Ein Backblech mit Mehl bestreuen. Den Laib darauf setzen und zugedeckt bei Zimmertemperatur 1 Std. gehen lassen.

4 Den Backofen auf 220° (Umluft 200°) vorheizen. Eine feuerfeste Schale mit kochend heißem Wasser hineinstellen. Das Brot mit Wasser bestreichen und im Ofen (Mitte) 10 Min. backen. Dann die Hitze auf 200° (Umluft 180°) herunterschalten, das Brot weitere 10 Min. backen. Die Hitze dann auf 180° (Umluft 160°) herunterschalten und das Brot in 1 Std. fertigbacken.

5 Das ofenfrische Brot mit Wasser bepinseln und auf einem Kuchengitter auskühlen lassen. Erst am nächsten Tag anschneiden.

Tip: Den übrigen Sauerteig bis zu 3 Wochen im Kühlschrank zugedeckt aufbewahren.

Zutaten für 1 rundes Brot:

700 g Weizen
50 g Roggen
1 Würfel Hefe (42 g)
450 ml lauwarmes Wasser
1 EL Meersalz
1 Päckchen flüssiger Natursauerteig (150 g)
2 EL kaltgepreßtes Olivenöl
2 TL Korianderkörner
Und: Mehl zum Arbeiten und für das Backblech

Zubereitungszeit: 30 Min. (+ 2 Std. Gehzeit + 1 1/4 Std. Backzeit)
Bei 30 Scheiben pro Scheibe etwa: 393 kJ / 94 kcal
3 g EW/ 1 g F/ 20 g KH

Gelingt leicht

Französisches Landbrot

1 Weizen und Roggen mehlfein mahlen. Die Hefe zerbröckeln und in 2 EL lauwarmem Wasser auflösen. In einer Rührschüssel mit dem restlichen Wasser und Salz vermischen. Den Sauerteig unterrühren und alles mit dem Mehl verkneten, bis sich der Teig vom Schüsselrand löst.

2 Den Teig auf der bemehlten Arbeitsfläche noch kurz durchkneten, bis ein elastischer saftiger Teig entsteht. Bei Bedarf etwas Mehl oder etwas Wasser hinzufügen. Den Teig zu einer Kugel formen und in eine Schüssel legen. Den Teig mit etwas Mehl bestreuen und mit einem feuchten Tuch bedeckt an einem warmen Ort 1 1/2 Std. gehen lassen.

3 Den Teig nochmals kurz durchkneten und dabei das Öl und den Koriander unterkneten. Das Brot mit bemehlten Händen zu einer Kugel formen. Das Backblech mit Mehl bestreuen. Das Brot darauf legen und mit Wasser bestreichen. Die Oberfläche gitterartig einritzen und mit etwas Mehl bestreuen. Nochmals mit einem Tuch bedeckt 30 Min. gehen lassen.

4 Den Backofen auf 220° vorheizen. Eine feuerfeste Schale mit kochend heißem Wasser hineinstellen. Das Brot im Ofen (Mitte, Umluft 200°) 30 Min. backen; dann die Hitze auf 170° (Umluft 150°) herunterschalten und das Brot in 45 Min. fertigbacken. Das Brot aus dem Backofen nehmen, die Klopfprobe (Seite 26) machen, bei Bedarf noch 5–10 Min nachbacken und auf einem Kuchengitter auskühlen lassen.

Zutaten für
1 Springform von 26 cm ø:

- 375 g Roggen
- 375 g Weizen
- 1 Würfel Hefe (42 g)
- 1 TL Honig
- 400 ml lauwarmes Wasser
- 1 Päckchen flüssiger Natursauerteig (150 g)
- 100 g stichfester zimmerwarmer Joghurt (z. B. Bulgara-Joghurt)
- 1 gestrichener EL Meersalz
- Und: Öl für die Form
- Mehl zum Arbeiten
- 2 EL kaltgepreßtes Olivenöl zum Bestreichen

Zubereitungszeit: 35 Min.
(+ 1 1/4 Std. Gehzeit
+ 1 Std. Backzeit
+ 1 Std. Auskühlzeit)
Bei 20 Scheiben pro Scheibe
etwa: 611 kJ / 146 kcal
6 g EW/ 2 g F/ 29 g KH

Gelingt leicht

Türkisches Bauernbrot

1 Roggen und Weizen mehlfein mahlen und in einer Schüssel mit den Händen auflockern. In die Mitte eine Mulde hineindrücken. Die Hefe zerbröckeln, mit Honig und 5–6 EL Wasser glattrühren und in die Mulde gießen. 15 Min. zugedeckt an einem warmen Ort gehen lassen, bis die Hefe schaumig wird.

2 Dann das restliche lauwarme Wasser, den Sauerteig, den Joghurt und das Salz unterrühren. Den Teig gut durchkneten, oder mit dem Holzlöffel kräftig schlagen, bis er Blasen wirft. Den Teig zugedeckt 30 Min. an einem warmen Ort gehen lassen.

3 Die Springform einfetten. Den recht weichen Teig mit bemehlten Händen zusammenkneten, zu einer Kugel formen, in die Form legen und flach drücken. Zugedeckt 30 Min. gehen lassen. Den Backofen auf 200° vorheizen. Eine feuerfeste Schale mit kochend heißem Wasser hineinstellen.

4 Die Form mit dem Teig vorsichtig, ohne Erschütterung, in den Ofen (Mitte) setzen. Das Brot 1 Std. im Ofen (Umluft 180°) backen. Dann herausnehmen und die Oberfläche sofort mit Olivenöl einpinseln. Den Rand der Form lösen und das Brot auch rundum einpinseln. Nach 10 Min. das Brot umgedreht auf ein Backgitter legen. Den Formboden abnehmen und das Brot mindestens 1 Std. auskühlen lassen.

Tip: Zum Aufschneiden das Brot vierteln, von jedem Viertel schmale Scheiben abschneiden.

Finnisches Loch- oder Ringbrot

Zutaten für 8 Stück:

Für den Sauerteigansatz:
3 Scheiben altbackenes Natur-Roggen-Sauerteigbrot (150 g)
1 l lauwarmes Wasser im Meßbecher abgemessen:
500 g frisch gemahlenes Roggen-Vollkornmehl
Für den Teig:
1 Würfel Hefe (42 g)
3 EL Gerstenmalz (aus dem Reformhaus)
300 ml lauwarmes Wasser
2 EL Meersalz
1,5 kg Roggenmehl
Und: 100 g Weizenkleie und 100 g Roggenmehl zum Arbeiten
Öl für die Backbleche

Zubereitungszeit: 1 Std. (+ 24–48 Std. Gärzeit + 3 1/2 Std. Gehzeit + 2 Std. Backzeit)
Bei je 4 Stücken pro Stück etwa: 460 kJ / 110 kcal
3 g EW / 1 g F / 24 g KH

Für Geübte

1 Für den Sauerteigansatz das Brot entrinden. In einer großen Schüssel fein zerkrümeln, das Wasser dazugießen, einweichen und das Brot mit den Händen zerreiben und auflösen. Das Mehl mit einem Schneebesen unterrühren. Den Sauerteigansatz mit einem Tuch bedeckt 24 besser 48 Std. an einen warmen Ort stellen, bis der Ansatz Blasen wirft und gut säuerlich riecht.

2 Die Haut mit einer Gabel vom Sauerteigansatz abnehmen und wegwerfen. Die Hefe zerbröckeln, mit dem Malz in 100 ml lauwarmem Wasser auflösen, mit Salz unter den Sauerteigansatz rühren. Das Roggenmehl mit dem restlichen Wasser unterarbeiten. Den zähen, weichen Teig mit den Knethaken des elektrischen Handmixers oder dem Holzlöffel 15 Min. durcharbeiten. Den Teig auf der gut bemehlten Arbeitsfläche zu einer Kugel formen, in der Schüssel 3 Std. zugedeckt an einem warmen Ort gehen lassen.

3 Den Teig zusammenkneten, in 8 gleich große Stücke teilen. Die Weizenkleie und Roggenmehl vermischen und auf die Arbeitsfläche streuen. Jedes Teigstück darauf zu einer Kugel formen und mit den Handballen zu flachen runden Fladen von 18–20 cm Durchmesser drücken. Zwei Bleche einfetten, auf jedes zwei Fladen legen. Mit einem Glas von 5 cm Durchmesser in Fladenmitte ein Loch ausstechen. Die Fladen mit der Gabel mehrmals einstechen. Zugedeckt 30 Min. gehen lassen. Die übrigen Fladen zugedeckt liegen lassen, bis wieder Backbleche frei werden.

4 Den Ofen auf 200° vorheizen. Eine feuerfeste Schale mit kochend heißem Wasser hineinstellen. Die Brote im Ofen (Mitte, Umluft 180°) 30 Min. backen. Dann auf ein Kuchengitter legen. Sofort mit einem scharfen, langen Messer quer in zwei Scheiben schneiden. Diese ausdampfen und erkalten lassen, dann wieder zusammenlegen. Mit den restlichen Fladen verfahren wie beschrieben.

Tips: Jeweils 2 wieder zusammengelegte Lochbrote in Folienbeuteln aufheben, damit sie nicht austrocknen. Sie sollten allerdings innerhalb von 4–5 Tagen aufgebraucht werden, da sie sonst schimmeln. Deshalb empfiehlt es sich bei einer größeren Menge eher, einige Brote in kleine Portionen verpackt einzufrieren. Die gefrorenen Brote sind im vorgeheizten Backofen bei 175° innerhalb von 10–15 Min. rasch aufgebacken. Die Brote dann bald aufessen, denn sie werden schnell hart.

Die Lochbrote lassen sich besonders gut für ein Picknick vorbereiten. Dafür 2 Brothälften mit etwas Senf oder Frischkäse bestreichen, dann üppig mit Schinken oder Salami, mit Eisbergsalat, Gurken- oder Radischenscheiben belegen und im Ganzen verpacken. Vor Ort kann man die Brote in Viertel-Portionen teilen.

Die Teigstücke erst auf der bemehlten Arbeitsfläche zu einer Kugel formen, dann mit den Händen zu Fladen drücken.

Mit einem Glas von 5 cm ø in jeder Fladenmitte ein Loch ausstechen.

Die Brote mit einem Brotmesser quer in 2 Scheiben schneiden.

Zutaten für 1 Fladen:
350 g Roggen
150 g Weizen
25 g frische Hefe
300–350 ml lauwarmes Wasser
2 TL Meersalz
1/2 TL Honig
1/2 TL gemahlener Kümmel
2 TL gemahlener Anissamen
1 Päckchen Sauerteig-Extrakt (15 g, aus dem Reformhaus)
Und: Mehl zum Arbeiten und für das Backblech

Zubereitungszeit: 40 Min. (+ 3 1/2 Std. Gehzeit + 40 Min. Backzeit)
Bei 16 Stücken pro Stück etwa: 468 kJ / 112 kcal
5 g EW / 1 g F / 23 g KH

Gelingt leicht

Tiroler Roggenbrot

1 Den Roggen und den Weizen mehlfein mahlen. Die Hefe zerbröckeln und in 2 El lauwarmem Wasser auflösen. Das restliche Wasser in einer Rührschüssel mit der Hefe, mit Salz, Honig, Kümmel, Anis, Sauerteig-Extrakt und Roggenmehl verkneten, bis sich der Teig vom Schüsselrand löst.

2 Dann alles auf der bemehlten Arbeitsfläche mit dem Weizenmehl zu einem elastischen saftigen Teig verkneten. Den Teig zu einer Kugel formen, mit etwas Wasser bepinseln und in einer Schüssel unter einem feuchten Tuch 3 Std. an einem warmen Ort gehen lassen.

3 Den Teig auf der bemehlten Arbeitsfläche nochmals gut durchkneten und zu einem Fladen von der Größe eines Backblechs ausrollen. Den Teig mit den Fingern von der Mitte aus zum Rand hin drücken, so daß der Fladenrand etwas dicker wird. Den Fladen auf ein bemehltes Backblech legen und mit Wasser bestreichen, mit einer Gabel mehrere Male einstechen und mit einem Messer ein Muster leicht einschneiden. Den Teig nochmals mit einem feuchten Tuch bedeckt an einem warmen Ort 30 Min. gehen lassen.

4 Backofen auf 250° vorheizen. Eine feuerfeste Schale mit kochend heißem Wasser hineinstellen. Den Fladen im Ofen (Mitte, Umluft 220°) in 30–40 Min. hellbraun backen. Auf einem Kuchengitter auskühlen lassen und in kuchenähnliche Stücke schneiden.

Der Fladen paßt gut zu Eintöpfen, aber auch zu Käse und Wein.

Tips : Am besten schmeckt der Fladen altbacken, und zwar 2–3 Tage nach dem Backen. Bewahren Sie ihn in der Zwischenzeit in Frischhaltebeuteln auf. Aber er schmeckt auch bereits nach einem halben Tag.

Um den Fladen ein glänzendes Aussehen zu geben, können Sie sie auch mit Milch statt mit Wasser bestreichen.

Zutaten für
2 Kastenformen von 24 cm Länge:

300 g Roggen
1 Päckchen flüssiger Natursauerteig (150 g)
300 ml lauwarmes Wasser
300 g Roggen-Vollkornmehl
300–350 g Weizen-Vollkornmehl
1 EL Meersalz
1 1/2 EL Rübenkraut
1/2 Würfel Hefe (21 g)
Und: Fett für die Formen

Zubereitungszeit: 45 Min.
(+ 24 Std. Quellzeit
+ 12 Std. Gärzeit
+ 3 Std. Gehzeit
+ 2 1/2 Std. Backzeit
+ 12 Std. Ruhezeit)
Bei je 35 Scheiben pro Scheibe etwa: 125 kJ / 30 kcal
1 g EW / 0 g F / 6 g KH

Für Geübte

Schwarzbrot rheinischer Art

1 Die Roggenkörner zweifingerhoch mit kaltem Wasser bedeckt 24 Std. quellen lassen. Den Sauerteig mit 100 ml lauwarmem Wasser glattrühren, das Roggenmehl unterrühren und mit Frischhaltefolie zugedeckt 12 Std. über Nacht an einem warmen Ort gären lassen.

2 In eine Schüssel 300 g Weizen-Vollkornmehl geben, das Salz darüber verteilen. Das Rübenkraut und die Hefe in 200 ml lauwarmem Wasser auflösen, mit dem Sauerteig zum Mehl geben. Alles mit den Knethaken des elektrischen Handmixers 5 Min. gut durcharbeiten. Zugedeckt 3 Std. gehen lassen, zwischendurch einmal durchkneten.

3 Die Roggenkörner abgießen und in einen Topf geben. Gut mit Wasser bedecken und offen aufkochen. Dann auf schwache Hitze herunterschalten und die Körner 30 Min. zugedeckt vorgaren. Anschließend in einem Sieb gut abtropfen und auskühlen lassen.

4 Die Formen einfetten, Backofen auf 220° vorheizen. Die Roggenkörner unter den Teig kneten und, falls der Teig zu feucht und klebrig ist, noch das restliche Weizenmehl unterarbeiten. (Der Teig soll klebrig, aber kompakt sein).

5 Den Brotteig auf die beiden Formen verteilen, mit Alufolie abdecken und an den Rändern gut verschließen. Im Ofen (Mitte, Umluft 200°) 1 Std. backen. Dann die Alufolie entfernen, die Hitze auf 180° (Umluft 160°) herunterschalten und die Brote 1 1/2 Std. weiter backen. Die Garprobe machen (siehe Tip) und die Brote eventuell 10–20 Min. nachbacken. Dann aus dem Ofen nehmen, auf ein Kuchengitter geben, mit Wasser einsprühen und 12 Std. ruhen lassen.

Tips: Ob die Brote wirklich gar sind, kann man testen, indem man 1 Brot aus dem Ofen nimmt, auf das Gitter stürzt und an den Seiten etwas eindrückt. Fühlt sich das Brot dabei sehr elastisch und weich an, braucht es noch Backzeit. Dann einfach wieder in die Form geben und 10–20 Min. weiterbacken.

Das Schwarzbrot wird in sehr dünne Scheiben aufgeschnitten, das geht am besten, wenn es mindestens 1 Tag lagert. Wer die Kruste eher weich mag, bewahrt das Brot am besten in einem Folienbeutel auf.

Das besondere Rezept !

Diese kleinen herzhaften Brote eignen sich als raffinierter Begleiter besonders für ein Gästeessen. Egal, ob sie vorweg nur mit Butter oder nach dem Essen zum Käse serviert werden. Der Teig läßt sich außerdem gut variieren. So können Sie anstelle der Walnußbrote auch Haselnußbrote backen oder Sie machen gleich beide Varianten, wenn Sie Ihre Gäste zu einem guten Bordeaux und einer Käseplatte einladen.

Zutaten für 3 längliche Brote:

700 g Dinkel
1 Würfel Hefe (42 g)
450 ml lauwarmes Wasser
4 TL Meersalz
1 Päckchen flüssiger Natursauerteig (150 g)
2 EL Walnußöl
200 g grob gehackte Walnüsse
Und: Mehl zum Arbeiten und für das Backblech

Zubereitungszeit: 45 Min. (+ 1 1/2 Std. Gehzeit + 40 Min. Backzeit)
Bei je 10 Scheiben pro Scheibe etwa: 222 kJ / 53 kcal
3 g EW/ 2 g F/ 12 g KH

Gelingt leicht

Französisches Walnußbrot

1 Den Dinkel mehlfein mahlen. Die Hefe in 2 El lauwarmem Wasser auflösen. In einer Schüssel mit dem restlichen Wasser, Salz, Sauerteig und Mehl verkneten, bis sich der Teig vom Schüsselrand löst. Zu einer Kugel formen und von einem feuchten Tuch bedeckt an einem warmen Ort 1 Std. gehen lassen.

2 Den Teig auf der bemehlten Arbeitsfläche durchkneten und Öl und Walnüsse unterarbeiten. Den Teig in vier Teile teilen, jeweils zu etwa 25 cm langen Brotlaiben formen und auf ein bemehltes Backblech legen. Mehrmals längs und quer einschneiden, so daß ein rautenförmiges Muster entsteht. Dann mit Wasser bepinseln und von einem feuchten Tuch bedeckt an einem warmen Ort 30 Min. gehen lassen.

3 Den Backofen auf 200° vorheizen. Eine feuerfeste Schale mit kochend heißem Wasser hineinstellen. Die Brote im Ofen (Mitte, Umluft 180°) 30 Min. backen. Die Hitze auf 180° (Umluft 160°) herunterschalten und die Brote in 10 Min. fertigbacken. Aus dem Ofen holen und die Klopfprobe (Seite 26) machen. Eventuell nochmal 5 Min. nachbacken. Die Brote auf einem Kuchengitter auskühlen lassen.

Variante:
Französisches Haselnußbrot

Statt Walnußöl Sonnenblumenöl verwenden und statt Walnüsse Haselnüsse nehmen. Die Haselnüsse in einer Pfanne ohne Fett rösten, bis sie zu duften beginnen. In ein Küchentuch wickeln, die braune Haut abrubbeln und entfernen. Die Nüsse im Tuch mit Hilfe eines Bretts per Handdruck zerbrechen, dann unter den Teig arbeiten.

Oliven-Baguette

Zutaten für 8 Baguette:

1 kg Weizen
750–800 ml lauwarmes Wasser
30 g frische Hefe
2 EL Meersalz
200 g schwarze oder grüne Oliven
5 El kaltgepreßtes Olivenöl
1 El gehackte Rosmarinnadeln
Und: Mehl zum Arbeiten und
für die Backbleche
Mehl und Rosmarin zum Bestreuen

Zubereitungszeit: 1 Std.
(+ 62 Std. Gärzeit + 5 Std. Gehzeit
+ 2 Std. 20 Min. Backzeit)
Bei je 8 Scheiben pro Scheibe
etwa: 259 kJ / 62 kcal
2 g EW / 1 g F / 12 g KH

Für Geübte

1 Für den Sauerteig- Ansatz 250 g Weizen mehlfein mahlen, mit 250 ml lauwarmem Wasser vermischen und 48 Std. an einem warmen Ort (Joghurtbereiter oder Backofen mit eingeschalteter Backleuchte) gären lassen, bis ein breiiger, angenehm säuerlich riechender Teig entsteht.

2 Für den Vorteig 250 g Weizen mehlfein mahlen. Mit dem Sauerteig-Ansatz und 200 ml lauwarmem Wasser vermischen. Mit Mehl bestreuen und 12–14 Std. auf dieselbe Weise wie den Sauerteig gären lassen.

3 Für den Hauptteig den restlichen Weizen mehlfein mahlen. Hefe in 2 EL lauwarmem Wasser auflösen. Den Vorteig in einer Schüssel mit 200 ml Wasser, Salz und Hefe mischen. Mit dem Mehl zu einem saftigen Teig verkneten. Den Teig zugedeckt 3 Std. gehen lassen.

4 Oliven entsteinen und grob hacken. Den Teig durchkneten und dabei Oliven, Öl und Rosmarin unterarbeiten. Ist der Teig zu fest, etwas Wasser dazugeben, ist er zu weich, etwas Mehl hinzufügen. Aus dem Teig 8 Kugeln formen. Auf der bemehlten Arbeitsfläche rechteckig etwa 1/2 cm dünn ausrollen, längsseits aufrollen und dabei mit den Händen nach außen ziehen, um dem Teig Spannung zu geben. Die Stangen auf die zum Backblech passende Länge ziehen.

5 Die Naht andrücken und die Enden unterschlagen. Die Stangen auf die bemehlten Backbleche mit der Nahtseite nach unten legen. Oben mehrmals schräg einschneiden, mit Wasser bestreichen und mit gehacktem Rosmarin und Mehl bestreuen. Mit einem feuchten Tuch bedeckt 2 Std. an einem warmen Ort gehen lassen.

6 Den Backofen auf 220° vorheizen. Eine feuerfeste Schale mit heißem Wasser hineinstellen. Die erste Portion Brote im Ofen (Mitte, Umluft 200°) 30 Min. backen; dann in 30–40 Min. bei 180° (Umluft 160°) fertigbacken. Mit der zweiten Portion genauso verfahren.

SPEZIALBROTE

Zutaten für 1 rundes Brot:

- 300 g mehligkochende Kartoffeln
- Salz
- 600 g Weizenmehl, Type 550
- 1 Würfel Hefe (42 g)
- 1 TL Zucker
- etwa 175 ml lauwarmes Wasser
- 1 Ei
- 4 EL Olivenöl
- 2 TL Salz
- Und: Weizenmehl zum Arbeiten
- Backpapier für das Backblech

Zubereitungszeit: 1 Std.
(+ 1 1/4 Std. Ruhezeit
+ 30 Min. Backzeit)
Bei 25 Scheiben pro Scheibe
etwa: 448 kJ / 107 kcal
4 g EW / 2 g F/ 20 g KH

Frisch am besten

Kartoffelbrot

1 Die Kartoffeln waschen und ungeschält in 25–30 Min. gar kochen. Abgießen, etwas abkühlen lassen, dann pellen und durch die Kartoffelpresse drücken. Das Mehl in eine große Schüssel geben, eine Mulde hineindrücken und die Hefe in die Mulde bröckeln. Mit dem Zucker und etwas Wasser verrühren.

2 Das restliche Wasser, Ei, Öl, Salz und die Kartoffeln zum Vorteig geben, alles gründlich verkneten. Eventuell noch etwas Wasser dazugeben, wenn der Teig noch nicht zusammenhält. Zugedeckt an einem warmen Ort 45 Min. gehen lassen.

3 Den Teig noch einmal durchkneten. Zu einem runden Laib formen, mit Mehl bestäuben und auf ein mit Backpapier belegtes Blech setzen. Mit einer Gabel mehrmals einstechen und zugedeckt bei Zimmertemperatur noch 30 Min. ruhen lassen. Den Backofen auf 200° vorheizen. Das Brot im Ofen (Mitte, Umluft 180°) in 30 Min. goldbraun backen. Auf einem Kuchengitter auskühlen lassen.

Kartoffelfladen

1 Die Kartoffeln waschen und ungeschält in 25–30 Min. gar kochen. Abgießen, ausdampfen lassen, pellen und durch die Kartoffelpresse drücken. Die Frühlingszwiebeln waschen und putzen, den Knoblauch schälen. Zwiebeln in feine Ringe schneiden, Knoblauch fein hacken. Basilikum waschen, Blättchen kleinschneiden.

2 Das Weizen- und Hirsemehl mit dem Salz, den Gewürzen, den Zwiebeln, Knoblauch, Basilikum und dem Kartoffelpüree, 50 g zerlassener Butter und etwa 1/8 l Wasser vermengen, bis ein gut knetbarer Teig entsteht.

3 Den Teig zugedeckt 30 Min. ruhen lassen, zu einer Rolle formen. In 10 Stücke teilen, diese zu Kugeln formen und auf der leicht bemehlten Arbeitsfläche zu dünnen Fladen von 20 cm Durchmesser ausrollen. Den Backofen auf 50° (Umluft 40°) vorheizen.

4 Eine schwere Pfanne ohne Fett bei mittlerer Hitze heiß werden lassen. Die Fladen von jeder Seite 2 Min. braten, mit Butter bepinseln und noch jeweils 1 Min. braten. Fertige Fladen im Ofen warmhalten.

Zutaten für 10 Fladen:

- 300 g mehligkochende Kartoffeln
- 3 Frühlingszwiebeln
- 1 Knoblauchzehe
- 1/2 Bund Basilikum
- 350 g Weizen-Vollkornmehl
- 50 g mehlfein gemahlene Hirse
- 1 TL Meersalz · 1/2 TL Kardamom
- 1 TL Kurkuma
- 1/2 TL gemahlener Ingwer
- 1 Prise Cayennepfeffer
- 100 g zerlassene Butter

Zubereitungszeit: 1 Std.
(+ 30 Min. Ruhezeit
+ 1 Std. Bratzeit)
Pro Stück etwa: 966 kJ / 231 kcal
6 g EW / 9 g F / 34 g KH

Frisch am besten

Buntes Gemüsebrot

Zutaten für 1 Kastenform von 30 cm Länge:

1 mittelgroße Möhre
100 g Brokkolistiele
1 kleine rote Paprikaschote
5 Eier
100 ml kaltgepreßtes Olivenöl
1 TL Salz
1 Msp. Safranpulver
300 g Weizen-Vollkornmehl
1 Päckchen Backpulver
1/2 TL getrockneter Thymian
50 g gehackte Pistazien
Und: Butter für die Form

Zubereitungszeit: 30 Min. (+ 1 Std. 10 Min. Backzeit)
Bei 20 Scheiben pro Scheibe etwa: 498 kJ / 119 kcal
4 g EW / 7 g F / 12 g KH

Frisch am besten

1 Die Möhre und die Brokkolistiele putzen. In einem Topf in sprudelnd kochendem Wasser 3 Min. blanchieren, dann in Eiswasser tauchen, abgießen und abtropfen lassen. Die Paprikaschote waschen, halbieren, putzen und mit der Möhre und dem Brokkoli in etwa 1/2 cm kleine Würfel schneiden.

2 Die Eier mit dem Öl, dem Salz und dem Safran verquirlen. Das Mehl mit dem Backpulver, dem Thymian und den Pistazien vermengen. Das Mehl und das vorbereitete Gemüse unter die Eiermasse rühren, so daß ein zähflüssig-klebriger Teig entsteht.

3 Die Form gut einfetten. Den Backofen auf 200° (Umluft 180°) vorheizen. Den Teig in die Form füllen und glattstreichen. Das Brot im Ofen (Mitte) 20 Min. backen. Die Hitze dann auf 180° (Umluft 160°) herunterschalten und das Brot in weiteren 50 Min. fertigbacken.

4 Das Brot in der Form 5 Min. abkühlen lassen, dann auf ein Kuchengitter stürzen und völlig auskühlen lassen.

Tip: Aus den Brokkoliröschen können Sie eine Suppe kochen. Statt mit Brokkolistielen und Möhre schmeckt das Brot auch gut mit je 1/2 grünen und gelben Paprikaschote.

Das besondere Rezept !

Dieses herzhafte saftige Brot finden Sie garantiert in keinem Laden. Es sieht toll aus, ist schnell zubereitet, gelingt ganz leicht und wird nicht nur Ihre Familie, sondern auch Ihre Gäste beeindrucken. Servieren Sie es am besten frisch einfach nur mit Butter oder zur sommerlichen Salatplatte dick mit Ziegenfrischkäse bestrichen. Es schmeckt aber auch nach 2 Tagen noch ausgezeichnet.

Zutaten für 1 rundes Brot:

250 g Kürbisfleisch (geputzt gewogen)
2 EL Butter
100 ml lauwarmes Wasser
500 g Dinkelmehl
1 Würfel Hefe (42 g)
1 TL Zucker
1/2 TL Zimtpulver
1 TL Ingwerpulver
2 TL Meersalz
60 g Kürbiskerne
Und: Dinkelmehl zum Arbeiten
Backpapier für das Backblech
20 g Kürbiskerne zum Bestreuen

Zubereitungszeit: 45 Min. (+ 1 Std. 40 Min. Gehzeit + 35 Min. Backzeit)
Bei 20 Scheiben pro Scheibe etwa: 376 kJ / 90 kcal
6 g EW/ 49 g F/ 18 g KH

Frisch am besten

Kürbisbrot

1 Den Kürbis klein würfeln. In einem kleinen Topf die Butter zerlassen. Den Kürbis dazugeben und mit der Butter verrühren, mit 50 ml Wasser ablöschen. Den Kürbis fest zugedeckt 10 Min. dünsten.

2 Inzwischen das Mehl in eine Schüssel geben, eine Mulde hineindrücken. Die Hefe in die Mulde bröckeln und mit dem Zucker und den restlichen 50 ml Wasser verrühren. Leicht mit Mehl bestäuben und zugedeckt an einem warmen Ort 10 Min. gehen lassen.

3 Den Kürbis im Topf mit einer Gabel fein zerkleinern. Zusammen mit Zimt, dem Ingwer und dem Salz zum Mehl in die Schüssel geben, alles gründlich verkneten. Eventuell noch 2–3 EL Wasser dazugeben, wenn der Teig noch nicht geschmeidig ist. Zuletzt die Kürbiskerne unterkneten. Den Teig zugedeckt an einem warmen Ort 45 Min. gehen lassen.

4 Den Teig mit bemehlten Händen noch einmal gut durchkneten. Zu einem runden Laib formen und auf ein mit Backpapier belegtes Blech setzen. Mit etwas Wasser bepinseln und mit Kürbiskernen bestreuen. Die Kerne leicht andrücken, das Brot zugedeckt noch 45 Min. gehen lassen.

5 Den Backofen rechtzeitig auf 200° vorheizen. Eine feuerfeste Schale mit kochend heißem Wasser hineinstellen. Das Brot im Ofen (Mitte, Umluft 180°) in 35 Min. goldbraun backen.

Zutaten für
1 Kastenform von 25 cm Länge:

1 kleiner orangefarbener Muskat-Kürbis (etwa 600 g)
250 g Weizen-Vollkornmehl
175 g feines Maismehl (aus dem Reformhaus)
1 Würfel Hefe (42 g)
2 EL Honig
200 ml lauwarme Milch
50 g zerlassene Butter
3 EL Zitronensaft
Und: 1 EL Öl und 2 EL Maismehl für die Form

Zubereitungszeit: 35 Min. (+ 1 1/4 Std. Gehzeit + 50 Min. Backzeit)
Bei 15 Scheiben pro Scheibe etwa: 686 kJ / 164 kcal
5 g EW/ 5 g F / 28 g KH

Frisch am besten

Kürbis-Mais-Brot

1 Den Kürbis halbieren, Kerne und Fäden mit einem Löffel herausschaben, die Hälften schälen. Das Fleisch in Stücke schneiden und knapp mit Wasser bedeckt bei mittlerer Hitze in 5 Min. weich dünsten. Kürbisfleisch abtropfen lassen, 200 g abwiegen und durch ein Sieb passieren. (Den Rest anders verwenden, z.B. für Kompott oder Suppe).

2 Die beiden Mehlsorten in eine Schüssel geben und vermischen, eine Mulde hineindrücken. Die Hefe mit dem Honig in ein Schüsselchen geben. 100 ml Milch mit Hefe und Honig verrühren, in die Mulde gießen und mit etwas Mehl vermischen. Die übrige Milch unterrühren.

3 Die Butter mit dem Kürbispüree und dem Zitronensaft unter den Teig rühren. Diesen zugedeckt an einem warmen Ort 45 Min. gehen lassen.

4 Die Form einfetten und mit Maismehl ausstreuen. Den Teig einfüllen und 30 Min. zugedeckt gehen lassen. Den Backofen auf 175° vorheizen. Das Brot im Ofen (unten, Umluft 160°) 50 Min. backen. Dann 5 Min. abkühlen lassen und auf ein Kuchengitter stürzen. Das Brot auskühlen lassen und anschneiden.

Tip: Das Brot schmeckt besonders gut zum Frühstück oder am Nachmittag zum Tee mit Butter und Honig.

Zutaten für
1 Kastenform von 30 cm Länge:

50 g Pinienkerne
1 Bund Petersilie
1 Bund Schnittlauch
1/2 Bund Dill
300 g Weizen-Vollkornmehl
100 g feingemahlene Hirse
1/2 TL getrockneter Thymian
1 TL abgeriebene Schale von 1 unbehandelten Zitrone
1 Päckchen Backpulver
60 g frisch geriebener Parmesan
6 Eier
1/8 l Olivenöl
1 TL Meersalz
Und: Butter für die Form

Zubereitungszeit: 35 Min.
(+ 1 1/4 Std. Backzeit
+ 3 Std. Ruhezeit)
Bei 20 Scheiben pro Scheibe
etwa: 699 kJ / 167 kcal
6 g EW/ 10 g F/ 15 g KH

Gelingt leicht

Kräuterbrot mit Parmesan

1 Die Pinienkerne in einer trockenen Pfanne unter ständigem Wenden goldbraun rösten und abkühlen lassen. Die Kräuter waschen und die Blättchen nicht zu klein schneiden.

2 Das Weizen- und das Hirsemehl, den Thymian, die Zitronenschale, das Backpulver und den Käse vermengen. Die Eier mit dem Öl und dem Salz schaumig rühren, nach und nach die Mehlmischung unterrühren. Die frischen Kräuter und die Pinienkerne unter den Teig ziehen.

3 Den Backofen auf 200° vorheizen. Die Form gut mit weicher Butter auspinseln. Den Teig einfüllen und glattstreichen. Das Brot im Ofen (Mitte, Umluft 180°) 50 Min. backen. Den Ofen dann auf 180° (Umluft 160°) herunterschalten, und das Brot in weiteren 25 Min. fertigbacken.

4 Das Kräuterbrot etwas abgekühlt aus der Form stürzen und auf einem Kuchengitter 3 Std. ruhen lassen, bevor es angeschnitten wird.

Tips: Sie können auch halb Weizen-Vollkornmehl und halb Mehl Type 405 verwenden oder das Brot nur mit raffiniertem Weizenmehl und Hirse backen.

Das Kräuterbrot schmeckt gut zu einer Käseplatte und oder zu Suppen und Eintöpfen.

Dazu paßt ein trockener Rotwein aus Italien, z. B. Chianti.

Zwiebel-Fladenbrot

Zutaten für 16 Fladen:
250 g weiße Zwiebeln
100 g Butter
1/4 l lauwarmes Wasser
1 TL Salz
400–500 g Weizenmehl, Type 1050
Und: Mehl zum Arbeiten

Zubereitungszeit: 1 Std.
(+ 1 Std. Ruhezeit)
Pro Fladen etwa: 644 kJ / 154 kcal
4 g EW / 6 g F / 23 g KH

Frisch am besten

1 Die Zwiebeln schälen und in feine Würfel schneiden. 20 g Butter in einer Pfanne erhitzen, die Zwiebeln darin unter Rühren goldbraun braten, vom Herd nehmen und abkühlen lassen.

2 Die restliche Butter schmelzen und etwas abkühlen lassen. Mit dem lauwarmen Wasser, Salz und den Zwiebeln vermischen. Dann soviel Mehl portionsweise übersieben und mit den Händen unterarbeiten, daß ein gut knetbarer, glatter Teig entsteht, der nur noch leicht klebt. Den Teig zu einer Kugel formen, in Frischhaltefolie wickeln und 1 Std. bei Zimmertemperatur ruhen lassen. Den Backofen auf 50° (Umluft 40°) vorheizen.

3 Anschließend den Teig zu einer Rolle formen und in 16 gleich große Portionen teilen. Jedes Stück auf der leicht bemehlten Arbeitsfläche zu einer Kugel formen und zu einem dünnen Fladen von 12–15 cm Durchmesser ausrollen.

4 Eine beschichtete Pfanne ohne Fett erhitzen. Die Fladen darin bei mittlerer Hitze unter Wenden 4–5 Min. backen, bis sie stellenweise braun werden, jedoch nicht verbrennen. Im Backofen warm halten, warm servieren.

Info: Die Fladenbrote werden traditionell zu Reisgerichten und zu raffiniert gewürzten Fleischragouts gegessen. Dabei werden Stücke vom Fladen abgebrochen und die Sauce damit aufgetunkt. Die Fladen schmecken aber auch köstlich zu Schafkäse, Oliven und Salat.

Tips: Falls die Fladen nach 1–2 Tagen Feuchtigkeit aufnehmen, werden sie wieder knusprig, wenn man sie im Ofen bei 150° (Umluft 130°) 2–3 Min. aufbäckt.

Statt Zwiebeln können auch frische gehackte Rosmarinnadeln oder Thymianblättchen, 2 TL Plättchenpaprika, gehackte frische Petersilie oder auch gehackter gebratener Knoblauch in den Teig eingearbeitet werden.

Zutaten für 20 Stück:

1/2 Würfel Hefe (21 g)
1/4 l lauwarmes Wasser
250 g Roggen-Vollkornmehl
175 g Weizenmehl, Type 405
2 TL Salz
Und: Backpapier für das Backblech
Weizenmehl zum Arbeiten

Zubereitungszeit: 1 Std. (+ 1 Std. Gehzeit)
Pro Stück etwa: 305 kJ / 73 kcal
3 g EW / 1 g F / 15 g KH

Für Geübte

Roggenknäcke

1 Die Hefe in ein kleines Schälchen bröckeln und darin mit etwas Wasser glattrühren. Die beiden Mehlsorten mit dem Salz in einer großen Schüssel mischen, das restliche Wasser und die angerührte Hefe dazugeben. Alles gründlich verkneten und zugedeckt an einem warmen Ort 1 Std. gehen lassen.

2 Den Backofen auf 250° (Umluft 220°) vorheizen. Zwei Backbleche mit Backpapier auslegen. Den Teig (er ist durch den hohen Roggenanteil noch ein wenig klebrig) auf der bemehlten Arbeitsfläche noch einmal gründlich durchkneten, bis er elastisch ist. Zu einer dicken Rolle formen und in 20 gleich große Stücke teilen.

3 Nach und nach jedes Teigstück auf der bemehlten Arbeitsfläche zu einem dünnen Fladen von etwa 12 cm Durchmesser ausrollen und mit einer Gabel häufig (!) einstechen. Die Fladen auf die Bleche verteilen und nacheinander im Ofen (Mitte) 7–8 Min. backen.

4 Fertige Knäckebrote auf ein Kuchengitter legen und darauf auskühlen lassen. Nach und nach die 20 Brote backen. Offen auskühlen lassen, damit sie knusprig werden.

Variante:
Roggenbrötchen

Den Teig nach dem Aufgehen gründlich durchkneten und dann in 10 Portionen teilen. Jedes Teigstück zu einem runden oder länglichen Brötchen formen und zugedeckt nochmal 20–30 Min. gehen lassen. Die Brötchen dann bei 200° (Umluft 180°) im Ofen (Mitte) knapp 15 Min. backen.

Zutaten für 40 Stück:
100 g Weizenschrot
200 ml Wasser
2 EL Butter
1/2 Würfel Hefe (21 g)
150 ml lauwarme Milch
450–500 g Weizenmehl, Type 1050
40 g Zucker
1 Prise Salz
1 TL Zimtpulver
Und: Weizenmehl zum Arbeiten
Backpapier für das Backblech

Zubereitungszeit: 50 Min.
(+ 1 1/2 Std. Gehzeit
+ 28 Min. Backzeit)
Pro Stück etwa:
220 kJ / 52 kcal
3 g EW / 1 g F / 10 g KH

Für Geübte

Schrotzwieback

1 Den Weizenschrot mit dem Wasser und der Butter in einem Topf einmal aufkochen, dann etwas abkühlen lassen. Die Hefe in eine kleine Schüssel bröckeln und darin mit der Milch glattrühren.

2 In einer großen Schüssel das Mehl mit dem Zucker, dem Salz und dem Zimtpulver mischen. Die aufgelöste Hefe sowie den Schrot dazugeben und alles zu einem glatten Teig verkneten. Zugedeckt bei Zimmertemperatur 1 Std. gehen lassen.

3 Den Teig auf der leicht bemehlten Arbeitsfläche noch einmal durchkneten. Zu einer Rolle formen und in 20 gleich große Portionen teilen. Die Teigstücke zu ovalen Brötchen formen und auf ein mit Backpapier belegtes Blech setzen. Zugedeckt 30 Min. gehen lassen.

4 Den Backofen rechtzeitig auf 200° (Umluft 180°) vorheizen. Die Brötchen im Ofen (Mitte) 20 Min. backen. Aus dem Ofen nehmen und 5 Min. auskühlen lassen.

5 Die Brötchen dann mit Hilfe einer Gabel aufbrechen und quer halbieren. Mit den Schnittflächen nach oben wieder auf das Blech legen, im Ofen nochmal 8 Min. backen. Dann im ausgeschalteten Ofen auskühlen lassen.

Zutaten für
1 Kastenform von 25 cm Länge:

50 g süßer Reis (japanischer Mochi-Reis) oder ein anderer Naturreis (siehe Tip)
Meersalz
600 g Weizen
50 g frische Hefe
3/8 l lauwarmes Wasser
1 EL Honig
Und: Butter für die Form

Zubereitungszeit: 1 Std.
(+ 1 Std. 40 Min. Gehzeit + 45 Min. Backzeit)
Bei 30 Scheiben pro Scheibe etwa: 335 kJ / 80 kcal
3 g EW / 0 g F / 17 g KH

Für Gäste

Reisbrot

1 Den Reis mit der doppelten Menge Salzwasser zum Kochen bringen und zugedeckt bei schwacher Hitze 20 Min. garen. Den Weizen mehlfein mahlen.

2 Die Hefe zerbröckeln und in 2 EL lauwarmem Wasser auflösen; dann in einer Rührschüssel mit dem restlichen Wasser, 2 TL Salz und Honig vermischen. Den Reis nach Bedarf abgießen und abtropfen lassen. Das Mehl mit dem Reis vermischen und untermengen. Alles zu einem weichen elastischen Teig verkneten. Den Teig zugedeckt bei Zimmertemperatur 1 Std. gehen lassen.

3 Den Teig kurz mit der Maschine oder mit der Hand durchkneten. Ist er zu weich, etwas Mehl unterkneten, ist er zu fest, etwas Wasser unterarbeiten, bis ein elastischer Teig entsteht. Den Teig zu einer Rolle formen. Die Form einfetten, den Teig hineinlegen, zugedeckt nochmals 30–40 Min. gehen lassen.

4 Den Backofen auf 220° (Umluft 200°) vorheizen. Eine feuerfeste Schale mit kochend heißem Wasser hineinstellen. Den Teig mit Wasser bestreichen und mehrmals einstechen. Das Brot im Ofen (unten) 15 Min. backen, dann den Ofen herunterschalten und das Brot bei 200° (Umluft 180°) nochmals 15 Min. backen. Das Brot aus der Kastenform nehmen, in den Ofen auf den Rost auf die Seite legen und 15 Min. backen. Falls das Brot zu dunkel wird, mit Pergamentpapier abdecken. Das Brot aus dem Backofen holen und auf einem Kuchengitter auskühlen lassen.

Tip: Die Reissorte für dieses Rezept können Sie beliebig variieren. Der süße japanische Reis eignet sich für dieses Brot gut, weil er ein Naturreis ist, der besonders mild schmeckt. Außerdem hat er für einen Naturreis eine recht kurze Garzeit. Sie können aber auch Basmati-Reis, italienischen Reis oder Reis aus der Camargue wählen. Es eignet sich sowohl Rundkorn- als auch Langkornreis. Wenn Sie eine andere Naturreissorte aussuchen, beachten Sie bitte die längeren Garzeiten auf der Packung.

Finnische Gerstenfladen

Zutaten für 6 Fladen:

2 TL Salz
1 l Sauermilch
1 TL Sodapulver (aus der Apotheke)
200 g Weizenmehl, Type 405
1 kg mehlfein gemahlene Gerste
Und: Mehl zum Arbeiten
Öl für die Backbleche

Zubereitungszeit: 45 Min.
(+ 1 Std. Backzeit
+ 30 Min. Ruhezeit)
Bei je 4 Stücken pro Stück etwa:
812 kJ / 194 kcal
8 g EW / 2 g F / 39 g KH

Lange haltbar

1 Das Salz mit der Sauermilch verrühren. Soda und die beiden Mehlsorten gründlich vemischen und in eine Schüssel sieben. Nach und nach die Sauermilch unterrühren und unterkneten. Den Teig auf der leicht bemehlten Arbeitsfläche 10 Min. weiterkneten, bis ein glatter Teig entsteht.

2 Den Teig zu einer dicken Rolle formen und zugedeckt 30 Min. bei Zimmertemperatur ruhen lassen. Die Rolle in sechs gleich große Portionen teilen, diese zu Kugeln formen. Vier Kugeln mit einem Tuch bedecken. Den Ofen auf 250° (Umluft 220°) vorheizen. Ein großes Backblech einfetten.

3 Mit dem Rollholz und mit den Händen die zwei Kugeln zu je 7 mm dünnen Fladen von 25 cm Durchmesser formen. Die Fladen auf das Blech legen, mit der Gabel mehrmals einstechen und im Ofen (Mitte) 20 Min. backen. Fladen auf einem Kuchengitter abkühlen lassen und aufeinander legen.

4 Die anderen Teigstücke genauso formen und backen. Danach kurz abkühlen lassen und auf die beiden ersten Fladen stapeln. Die Fladen in ein großes Tuch einschlagen und so aufheben. Sie halten bis zu 3 Monate.

Info: Die knackigen Gerstenfladen dienten früher vor allem als Vorrat im langen, kalten nordischen Winter. Sie ähneln dem Schüttelbrot aus den Alpen. Die Fladen werden gerne in Stückchen gebrochen und zum Frühstück in heißem Milchkaffee oder in einer Suppe zum Mittag- oder Abendessen aufgeweicht. Man ißt sie auch wie Knäckebrot.

Der Tip vom Profi

Sie können in jedem Rezept statt Wasser lauwarmes kohlensäurehaltiges Mineralwasser verwenden. Die bei der Verarbeitung frei werdende Kohlensäure lockert von Anfang an den Teig und unterstützt die Gärung. Allerdings sollten Sie für den Vorteig bei normalem Wasser bleiben, da die Kohlensäure Bläschen bildet und man so zu früh annehmen könnte, daß der Vorteig die richtige Reife hat.

Zutaten für 2 längliche Brote:

1 EL sehr fein gewürfelter Schinkenspeck
1 EL Butter
150 g ausgedrücktes rohes Sauerkraut
1/2 TL Kümmel
600 g dunkles Weizenmehl, Type 1050
1 Würfel Hefe (42 g)
450–500 ml lauwarmes Wasser
1–2 TL Salz
Und: Öl für das Backblech
Mehl zum Kneten

Zubereitungszeit: 30 Min. (+ 1 Std. Gehzeit + 40 Min. Backzeit)
Bei je 12 Scheiben pro Scheibe etwa: 410 kJ / 98 kcal
4 g EW / 1 g F / 19 g KH

Frisch am besten

Sauerkrautbrot

1 Den Schinkenspeck in der Butter bei mittlerer Hitze anbraten. Das Sauerkraut hacken und unter Rühren 2–3 Min. mitbraten. Kümmel unterrühren und die Mischung in einem Schüsselchen beiseite stellen.

2 Das Mehl in eine Schüssel sieben, eine Mulde hineindrücken. Die Hefe in 100 ml lauwarmem Wasser auflösen, in die Mulde gießen und mit etwas Mehl verrühren. Zugedeckt an einem warmen Ort 10 Min. gehen lassen, bis die Hefe Blasen wirft.

3 Das Salz auf den Mehlrand streuen, das restliche lauwarme Wasser nach und nach dazugießen und alles zu einem zähen Teig verarbeiten. Die Speck-Sauerkraut-Mischung unter den Teig arbeiten. Diesen zugedeckt 30 Min. an einem warmen Ort gehen lassen.

4 Ein großes Backblech einfetten. Den Teig halbieren. Auf der bemehlten Arbeitsfläche erst zu zwei Kugeln und dann zu 20 cm langen Broten formen. Auf das Blech legen und zugedeckt 20 Min. an einem warmen Ort gehen lassen. Den Backofen auf 220° vorheizen. Eine feuerfeste Schale mit kochend heißem Wasser hineinstellen. Die Brote im Ofen (Mitte, Umluft 200°) in 35–40 Min. goldgelb backen. Auf einem Kuchengitter auskühlen lassen.

Das herzhafte Brot paßt gut auf ein rustikales kaltes Buffet.

Tip: Vegetarier können statt Speck gehackte Walnüsse oder Kürbiskerne mit dem Sauerkraut in den Teig geben. Nach Geschmack auf die Brote Kürbiskerne streuen.

Zutaten für
1 Springform von 25 cm ø:

1 Würfel Hefe (42 g)
1/2 l lauwarmes Wasser
400 g Weizenmehl, Type 405
200 g feines Maismehl (aus dem Reformhaus)
2 TL Salz
200 g Chorizo oder eine mit Paprika und Knoblauch scharf gewürzte geräucherte Schweinewurst
Und: Öl und Maismehl für die Form

Zubereitungszeit: 40 Min. (+ 1 Std. Gehzeit + 30 Min. Backzeit)
Bei 10 Stücken pro Stück etwa: 1313 kJ / 314 kcal
13 g EW / 10 g F / 46 g KH

Für Gäste

Portugiesisches gefülltes Brot

1 Die Hefe zerbröckeln und in 2 EL lauwarmem Wasser auflösen. Mit dem restlichen Wasser, Weizen- und Maismehl sowie Salz in einer Rührschüssel verkneten. Dann mit der Hand zu einer Kugel zusammenfassen. Den Teig zugedeckt bei Zimmertemperatur 20–30 Min. gehen lassen. Inzwischen die Wurst in kleine Würfel schneiden.

2 Den Teig nochmals durchkneten, bis er fest aber nicht zu steif ist – bei Bedarf noch etwas Weizenmehl unterarbeiten oder Wasser dazugeben. Die Wurstwürfel unterkneten. Den Teig zu einem runden Laib formen. Die Form einfetten und mit Maismehl ausstreuen. Den Teig hineinlegen und nochmals zugedeckt 30 Min. gehen lassen.

3 Den Backofen auf 225° (Umluft 200°) vorheizen. Eine feuerfeste Schale mit kochend heißem Wasser hineinstellen. Das Brot mit etwas Maismehl bestreuen und im Ofen (Mitte) 15 Min. backen; dann die Wasserschale entfernen und das Brot in weiteren 15 Min. goldbraun backen.

4 Das Maisbrot aus der Form lösen und die Klopfprobe (Seite 26) machen. Das Brot bei Bedarf 5–10 Min. ohne Form nachbacken. Auf einem Kuchengitter auskühlen lassen. Das Brot zum Servieren wie einen Kuchen in Stücke schneiden.

Das Brot wird gern zu würzigen Suppen und Eintöpfen serviert.

Dazu am besten einen herben, kräftigen portugiesischen oder spanischen Rotwein servieren.

Chatschapuri – Käsebrot

Zutaten für 1 Spring- oder Tarteform von 30 cm ø:

Für den Teig:
- **500 g Weizenmehl, Type 1050**
- **1 TL Salz**
- **1 Würfel Hefe (42 g)**
- **1 TL Zucker**
- **250 ml lauwarme Milch**
- **125 g geschmolzene, lauwarme Butter**

Für die Füllung:
- **200 g türkischer Kaşar-Käse (aus dem türkischen Lebensmittelgeschäft) oder Provolone**
- **125 g Schafkäse**
- **250 g Magerquark (ohne Molke)**
- **2 EL Crème fraîche**
- **1 Ei**
- **Salz**
- **Pfeffer**
- **1 Bund glatte Petersilie**
- **1 TL getrockneter Oregano**
- **Und: Mehl zum Arbeiten**
- **Butter für die Form**
- **1 Eiweiß zum Bepinseln**

Zubereitungszeit: 50 Min. (+ 1 1/2 Std. Gehzeit + 50 Min. Backzeit)
Bei 18 Stücken pro Stück etwa: 1083 kJ / 259 kcal
12 g EW / 13 g F / 12 g KH

Für Gäste

1 Für den Teig das Mehl in eine Schüssel geben, Salz darüber streuen und eine Mulde hineindrücken. Die Hefe und den Zucker mit einem Schneebesen in der Milch auflösen, in die Mulde gießen und mit etwas Mehl vom Rand bestreuen. Zugedeckt an einem warmen Ort 15–20 Min. gehen lassen, bis sich an der Oberfläche Risse gebildet haben.

2 Anschließend die Butter hinzufügen und alles zu einem glatten Teig verkneten. Zugedeckt 30 Min. gehen lassen. Dann auf der bemehlten Arbeitsfläche 10 Min. kräftig kneten und schlagen, zu einer Kugel formen und in der Schüssel nochmals zugedeckt 30–40 Min. gehen lassen, bis sich das Teigvolumen verdoppelt hat.

3 In der Zwischenzeit für die Füllung den Kaşar-Käse oder Provolone entrinden und fein reiben. Den Schafkäse in Stückchen schneiden. Quark, Schafkäse, Crème fraîche und das Ei in einer Schüssel mit der Gabel glattrühren, Kaşar-Käse oder Provolone dazugeben. Die Mischung mit Salz und Pfeffer abschmecken. Die Petersilie abbrausen und die Blättchen fein hacken. Mit dem Oregano unter die Käsecreme rühren.

4 Den Backofen auf 190° vorheizen, die Backform einfetten. Den Teig auf der bemehlten Arbeitsfläche zusammenkneten und zu einem runden Fladen von gut 50 cm Durchmesser ausrollen. Den Teig vorsichtig in die Form heben, die Ränder sollen gleichmäßig über dem Formrand hängen. Den Käse in die Teigmitte geben und auf Formgröße gleichmäßig verteilen.

5 Nun vom äußeren Rand aus den Teig nacheinander in gleichmäßige Falten zur Formmitte legen. Dabei mit den Händen leicht über die Falten streichen, um eventuell vorhandene Luft herauszustreichen. Die Teigenden nach Belieben in der Mitte zu einem runden Knopf formen.

6 Die Oberfläche mit Eiweiß einpinseln und das gefüllte Brot im Ofen (Mitte, Umluft 180°) 45–50 Min. backen, bis es schön goldbraun ist. Dann herausnehmen, etwas abkühlen lassen und zum weiteren Abkühlen vorsichtig aus der Form auf ein Kuchengitter setzen. Das Käsebrot lauwarm servieren.

Tips: Je besser die Luftblasen zwischen Teig und Form und zwischen Teigdeckel und Füllung herausgestrichen werden, um so gleichmäßiger geht das Brot auf. Deshalb beim Füllen des Brotes den Teig mehrfach anheben und gut an den Rand drücken. Beim Falten des Deckels die Luftblasen zwischen Teig und Füllung vom Rand zur Mitte hin vorsichtig herausstreichen.

Sehr gut schmeckt dieses Brot auch mit einer Käse-Speck-Füllung. Dafür statt dem Schafkäse 50 g mehr Kaşar-Käse oder Provolone und 75 g in kleine Würfelchen geschnittenen Tiroler Speck verwenden. Den Speck in einer gußeisernen Pfanne mit 1 EL Öl auslassen, abkühlen lassen und unter die Käsecreme rühren. Erst zum Schluß salzen, da der Speck reichlich Salz abgibt. Statt Oregano 1 TL gehackten, frischen Thymian dazugeben.

Den Teig vorsichtig in die Form heben, so daß die Teigränder gleichmäßig überlappend über dem Formrand hängen.

Vom äußeren Rand her den Teig nacheinander in 8–10 gleichmäßige Falten über den Käse zur Formmitte hinlegen.

Dabei mit den Händen leicht über die Falten streichen, um eventuell vorhandene Luft darunter herauszustreichen.

Zutaten für
1 Kastenform von 25 cm Länge:

500 g Weizenmehl, Type 405
1 TL gemahlener Ingwer
1 EL Zimt
je 1 Msp. Muskat- und Nelkenpulver
1/2 TL Salz
1/4 l lauwarme Milch
1 Würfel Hefe (42 g)
50 g Rohrzucker
75 g Butter · 1 Ei
200 g frische oder getrocknete Datteln
100 g Pekannüsse
100 g Rosinen
Und: je 1 EL Sonnenblumenöl und Paniermehl für die Form
Mehl zum Arbeiten

Zubereitungszeit: 45 Min. (+ 1 Std. Gehzeit + 50 Min. Backzeit)
Bei 21 Scheiben pro Scheibe etwa: 791 kJ / 189 kcal
5 g EW / 6 g F / 32 g KH

Gelingt leicht

Dattelbrot

1 Das Mehl mit den Gewürzen und dem Salz in einer Schüssel vermischen. Die Milch mit Hefe und Zucker verrühren, unter die Mehlmischung rühren.

2 Die Butter schmelzen, abkühlen lassen und mit dem Ei unter den Teig rühren, 10 Min. durcharbeiten, dann 30 Min. zugedeckt an einem warmen Ort gehen lassen.

3 Die Datteln entsteinen, mit den Nüssen grob hacken. Die Form einfetten und mit Paniermehl ausstreuen. Den Backofen auf 175° vorheizen. Den Teig auf der bemehlten Arbeitsfläche durchkneten und zu einer Kugel formen. Diese auseinander drücken. Die Rosinen, Nüsse und Datteln auf den Teig geben und hineindrücken.

4 Den Teig zu einer länglichen Rolle zusammendrücken, in die Kastenform legen, zugedeckt 30 Min. an einem warmen Ort gehen lassen. Dann im Ofen (Mitte, Umluft 160°) in 50 Min. hellbraun backen.

Bananenbrot

1 Den Dinkel mehlfein mahlen und abkühlen lassen. Das Mehl mit Backpulver, Salz, Zimt, Vanille und Orangenschale vermischen. Die Eier trennen.

2 In einer Rührschüssel die Butter schaumig rühren und den Honig unter Rühren in kleinen Portionen unterarbeiten. Die Eigelbe eines nach dem anderen untermengen. Die Masse hell-schaumig schlagen. Bananen zerkleinern. Joghurt und Bananen unterrühren und das mit den Gewürzen vermischte Mehl untermischen. Die Milch nach Bedarf unterrühren. Es soll ein cremiger Teig entstehen.

3 Den Backofen auf 170° vorheizen. Die Kokosflocken unter den Teig rühren. Die Eiweiße steif, aber nicht schnittfest schlagen und unter den Teig ziehen. Die Form einfetten und den Teig hineingeben. Im Ofen (Mitte, Umluft 160°) 1 Std. 10 Min. backen. Das Brot 15 Min. in der Form ruhen lassen, dann zum Auskühlen auf ein Kuchengitter geben.

Zutaten für
1 Kastenform von 30 cm Länge:

300 g Dinkel
3 TL Weinsteinbackpulver
1 Prise Meersalz · 1 TL Zimt
1 Prise Bourbon-Vanille
1/4 abgeriebene Orangenschale von 1 unbehandelten Orange
2 Eier · 150 g weiche Butter
80 g Akazienhonig
2 reife Bananen · 70 g Joghurt
3 EL Milch nach Bedarf
100 g Kokosflocken

Zubereitungszeit: 50 Min. (+ 1 Std. 10 Min. Backzeit)
Bei 19 Scheiben pro Scheibe etwa: 619 kJ / 148 kcal
4 g EW / 10 g F / 19 g KH

Für Gäste

Klötzenbrot

Zutaten für 3 Brote:

250 g Klötzen (gedörrte Birnen, aus dem Reformhaus)
etwa 1 /4 l Wasser
250 g Backpflaumen
200 g getrocknete Aprikosen
100 g getrocknete Feigen
550 g Weizen · 200 g Rosinen
je 50 g gehackte Wal-, Haselnüsse und Pinienkerne
1 TL Zimt · 4 EL Akazienhonig
1 Prise Muskatblüte
1 Prise Bourbon-Vanille
3 Eier · 1 Eigelb
1/2 Würfel Hefe (21 g) · 1/8 l Milch
1/4 TL abgeriebene Zitronenschale von 1 unbehandelten Zitrone
1 TL Meersalz · 50 g weiche Butter
Und: Mehl zum Arbeiten

Zubereitungszeit: 1 Std.
(+ 12 Std. Einweichzeit + 1 Std. 20 Min. Gehzeit + 1 1/2 Std. Backzeit)
Bei je 20 Scheiben pro Scheibe etwa:
372 kJ / 89 kcal
2 g EW / 2 g F / 17 g KH

Für Gäste

1 Die Klötzen waschen und 12 Std. von Wasser bedeckt einweichen. Pflaumen, Aprikosen und Feigen nur bei Bedarf einweichen. Am nächsten Tag den Weizen mehlfein mahlen. Die Rosinen kurz heiß einweichen und waschen. Das Obst abtropfen lassen; das Klötzenwasser aufheben.

2 Obst und Rosinen kleinschneiden und mit dem Pürierstab grob pürieren. Mit den Wal- und Haselnüssen, Pinienkernen, mit Zimt, 1 El Honig, Muskat, Nelke und Vanille mischen. 2 Eigelbe, 1 Eiweiß und 50 g Mehl unter die Füllung mischen. Den Teig in 3 gleich große Stücke teilen. Jedes Teigstück zu einer Kugel formen und auf der bemehlten Arbeitsfläche mit den Händen zu rechteckigen Stollen von 8 x 10 cm formen.

3 Für den Teig Hefe im lauwarmen Klötzenwasser auflösen und in einer Schüssel mit Milch, restlichem Honig, 1 Ei, Zitronenschale und Salz vermischen. Restliches Mehl und Butter unterarbeiten. Teig zu einer Kugel formen und zugedeckt bei Zimmertemperatur 1 Std. gehen lassen.

4 Den Teig auf der bemehlten Arbeitsfläche kurz kneten, in 3 Stücke teilen und jeweils 1 cm dünn auf 23 x 30 cm ausrollen. Die Fruchtstollen in die Mitte des Teiges legen. Den Teig an den Längsseiten und an den Breitseiten über die Füllung legen und festdrücken.

5 Ein Backblech einfetten und die Brote mit der Nahtseite nach unten darauf legen. Die Brote zugedeckt 20 Min. gehen lassen. Den Backofen auf 180° vorheizen. Restliches Eigelb mit Wasser verquirlen. Die Brote damit bestreichen. Im Ofen (Mitte, Umluft 160°) 1–1 1/2 Std. backen.

BRÖTCHEN UND CO.

Zutaten für 16 Stück:

500 g Weizenmehl, Type 405
1/2 Würfel Hefe (21 g)
60 g Zucker
75 ml lauwarme Milch
1/2 TL Salz
4 Eier
250 g kalte Butter
Und: Butter für die Förmchen
16 Brioche-Förmchen oder Gebäckformen aus Papier, (6 cm ø)
Mehl zum Arbeiten

Zubereitungszeit: 1 Std.
(+ 16 1/4 Std. Ruhezeit + 25 Min. Backzeit)
Pro Stück etwa:
1071 kJ / 256 kcal
6 g EW / 15 g F / 27 g KH

Frisch am besten

Brioches

1 Das Mehl in eine Schüssel sieben, eine Mulde hineindrücken. In einer Tasse die Hefe und den Zucker in der Milch auflösen und in die Mulde gießen. Salz an den Rand streuen. 3 Eier verquirlen und auf die Hefe geben. Alles unter das Mehl arbeiten. Den Teig mit den Händen kräftig kneten. Die Schüssel mit Folie bedeckt 2–3 Std. in den Kühlschrank stellen.

2 Den Teig erneut kräftig durchkneten. Die Butter zwischen zwei Lagen Klarsichtfolie mit der Teigrolle dünn ausrollen. Jeweils 1/3 davon nacheinander unter den Teig arbeiten. Den Teig 1 Std. in den Kühlschrank stellen und danach wieder kräftig durchkneten. Dann 12 Std. über Nacht im Kühlschrank ruhen lassen.

3 Am nächsten Morgen die Brioche-Förmchen mit geschmolzener Butter auspinseln. Den Teig auf der leicht bemehlten Arbeitsfläche erst zu einer Kugel, dann zu einer langen Rolle formen und in 16 gleich große Stücke teilen. Den Backofen auf 200° (Umluft 180°) vorheizen.

4 Von jedem Stück 1/5 abnehmen. Aus jeder größeren Portion eine Kugel formen und in die Brioche-Förmchen oder in die ungefetteten Papierformen setzen, mit dem Zeigefinger eine Vertiefung eindrücken. Das restliche Ei mit 2 EL Wasser verquirlen, die Vertiefungen damit einpinseln. Die kleinen Stücke zu Kugeln formen und hineinsetzen. Die Brioches zugedeckt 15 Min. an einem warmen Ort gehen lassen, dann im Ofen (Mitte) 20–25 Min. backen.

Tip: Durch das Ausrollen verteilt sich die Butter anschließend besonders schnell und gut im Teig. Sie können die kalte Butter aber natürlich auch in Flöckchen unter den Teig arbeiten.

Zutaten für 24 Stück:
100 g Rosinen
100 g Haselnüsse
400 g Dinkel
1 Würfel Hefe (42 g)
150–175 ml lauwarmes Wasser
100 ml Buttermilch
2 Eier
2 TL Meersalz
1/2 TL Zimt
1 EL Honig
100 g Maismehl
3 EL kaltgepreßtes Sonnenblumenöl
Und: Butter für die Backbleche

Zubereitungszeit: 30 Min. (+ 1 Std. 10 Min. Gehzeit + 1 Std. Backzeit)
Pro Stück etwa: 414 kJ / 99 kcal
5 g EW / 3 g F / 19 g KH

Schnell

Rosinenbrötchen

1 Die Rosinen waschen und abtropfen lassen. Die Haselnüsse in einer Pfanne bei mittlerer Hitze ohne Fett rösten, bis sie zu duften beginnen. Die Nüsse in ein Tuch einschlagen, die Haut abreiben und entfernen. Die Nüsse mit einem breiten Messer oder Holzbrett kräftig drücken, so daß sie grob zerstoßen werden. Den Dinkel mehlfein mahlen.

2 Die Hefe zerbröckeln und in 2 EL lauwarmem Wasser auflösen. In einer Rührschüssel mit dem restlichen Wasser, der Buttermilch, den Eiern, Salz, Zimt und Honig vermischen. Dinkel- und Maismehl, Nüsse und Rosinen unterkneten. Den Teig zugedeckt bei Zimmertemperatur 1 Std. gehen lassen.

3 Den Teig nochmal kurz durchkneten und das Öl einarbeiten. Den Teig zu einer Rolle formen und in 24 gleich große Teile schneiden. Daraus runde Brötchen formen. Zwei Backbleche einfetten und die Brötchen darauf legen. Die Brötchen kreuzweise einschneiden und zugedeckt nochmals 10 Min. gehen lassen.

4 Inzwischen den Backofen auf 260° (Umluft 240°) vorheizen. Eine feuerfeste Schale mit kochend heißem Wasser hineinstellen Die Brötchen mit Wasser bepinseln. Den Backofen auf 240° (Umluft 220°) herunterschalten. Die Brötchen nacheinander in 20–30 Min. goldgelb backen. Die zweite Portion genauso backen. Die Brötchen auf einem Kuchengitter abkühlen lassen.

Rosinenbrötchen passen gut zum Frühstück, Sonntags-Brunch oder zum Nachmittagstee.

Zutaten für 14 Stück:

500 g Weizenmehl, Type 550
1 Päckchen Backpulver
1 TL Salz
2 EL Zucker
1 Päckchen Vanillezucker
3 Tropfen Zitronenöl (siehe Tip) oder 1 TL abgeriebene Schale von 1 unbehandelten Zitrone
250 g Magerquark
1 Ei
100 ml Milch
100 ml Maiskeimöl
Und: Backpapier für die Backbleche
Mehl zum Arbeiten
Milch zum Bestreichen

Zubereitungszeit: 45 Min. (+ 1 Std. Backzeit)
Pro Stück etwa: 937 kJ / 224 kcal
8 g EW / 9 g F / 30 g KH

Gelingt leicht

Quarkbrötchen

1 Das Mehl und das Backpulver mischen und in eine Schüssel sieben. Salz, Zucker und Vanillezucker darüberstreuen, dann Zitronenöl oder Zitronenschale, Quark, Ei, Milch und Öl dazugeben. Alles zu einem glatten Teig verarbeiten.

2 Den Backofen auf 175° (Umluft 160°) vorheizen, zwei Backbleche mit Backpapier auslegen. Den Teig auf der leicht bemehlten Arbeitsfläche zu einer Rolle formen, diese in 14 gleich große Portionen teilen. Jede Portion zu einem runden Brötchen, zu einem Knoten oder Zopf formen und auf die Bleche verteilen. Mit Milch bestreichen und nacheinander im Ofen (Mitte) in 25–30 Min. goldbraun backen.

Tip: Ätherische Öle eignen sich sehr gut zum Würzen. Es gibt sie im Reformhaus oder in der Apotheke. Verwenden Sie aber nur 100 % reines ätherisches Öl, kein »naturidentisches« oder gar Parfumöl.

Joghurtschnecken

1 Das Mehl in eine Schüssel geben, eine Mulde hineindrücken. Die Hefe in die Mulde bröckeln und mit dem Zucker und etwas lauwarmem Wasser verrühren. Leicht mit Mehl bestäuben und zugedeckt an einem warmen Ort 10 Min. gehen lassen.

2 Das restliche Wasser, die Schmelzflocken, Salz, das Ei, den Joghurt und die Butter dazugeben, alles zu einem glatten Teig verkneten. Zugedeckt an einem warmen Ort 30 Min. ruhen lassen.

3 Den Teig noch einmal durchkneten, dann in 8 gleich große Portionen teilen. Jede auf der leicht bemehlten Arbeitsfläche zu einem etwa 40 cm langen Strang (Länge des Backbleches) rollen, locker zu einer Schnecke zusammenlegen und auf ein mit Backpapier belegtes Blech setzen. Zugedeckt noch 30 Min. gehen lassen.

4 Inzwischen den Backofen auf 200° (Umluft 180°) vorheizen. In einer Tasse 5 EL Wasser mit 1 TL Salz verrühren. Die Schnecken damit bepinseln und mit Mohn bestreuen. Im Ofen (Mitte) 15 Min. backen. Auf dem Blech auskühlen lassen.

Zutaten für 8 Stück:

400 g Weizenmehl, Type 550
1/2 Würfel Hefe (21 g)
1 TL Zucker
1/8 l lauwarmes Wasser
50 g Hafer-Schmelzflocken
1 1/2 TL Salz · 1 Ei
100 g Vollmilchjoghurt
70 g weiche Butter
Und: Mehl zum Arbeiten
Backpapier für das Backblech
1 TL Salz zum Bestreichen
Mohn zum Bestreuen

Zubereitungszeit: 45 Min. (+ 1 Std. 10 Min. Gehzeit + 15 Min. Backzeit)
Pro Stück etwa: 1196 kJ / 286 kcal
10 g EW / 10 g F / 43 g KH

Gelingt leicht

Buttermilchzöpfchen

Zutaten für 8 Stück:
500 g Weizenmehl, Type 405
1/2 Würfel Hefe (21 g)
1 TL Zucker
4 EL lauwarmes Wasser
250 g Buttermilch
50 g weiche Butter
1 TL Salz
Und: Mehl zum Arbeiten
Backpapier für das Backblech
1 Eigelb zum Bestreichen

Zubereitungszeit: 45 Min.
(+ 1 Std. 10 Min. Gehzeit
+ 20 Min. Backzeit)
Pro Stück etwa:
1201 kJ / 287 kcal
11 g EW / 7 g F / 48 g KH

Gelingt leicht

1 Das Mehl in eine Schüssel geben, eine Mulde hineindrücken. Die Hefe in die Mulde bröckeln und mit dem Zucker und dem Wasser verrühren. Leicht mit Mehl bestäuben und zugedeckt an einem warmen Ort 10 Min. gehen lassen.

2 Die Buttermilch, die Butter und das Salz dazugeben und alles zu einem geschmeidigen Teig verkneten. Zugedeckt an einem warmen Ort 30 Min. gehen lassen.

3 Den Teig auf der leicht bemehlten Arbeitsfläche noch einmal durchkneten und in 8 gleich große Portionen teilen. Jede Portion dritteln und jedes Drittel zu einem gut 20 cm langen Strang formen. Je 3 Stränge zu einem Zopf flechten und auf ein mit Backpapier belegtes Blech setzen. Die Zöpfe zugedeckt noch 30 Min. ruhen lassen.

4 Inzwischen den Backofen auf 200° (Umluft 180°) vorheizen. Die Zöpfchen mit verquirltem Eigelb bestreichen und im Ofen (Mitte) in 20 Min. goldgelb backen.

Tips: Falls die Oberfläche der Zöpfchen zu dunkel wird, diese entweder mit Alufolie abdecken oder die Temperatur nach 10 Min. auf 175° (Umluft 160°) herunterschalten.

Sie können die Zöpfchen auch vor dem Backen mit Sesam, Mohn, Sonnenblumen- oder Kürbiskernen bestreuen. Sie passen zu süßem (Marmelade, Honig) genauso gut wie zu herzhaftem Belag (Wurst, Käse oder Kräuterquark).

Der Tip vom Profi !

Wenn Sie die Brötchen ganz frisch zum Frühstück servieren möchten, ohne mit den Hühnern aufstehen zu müssen, verrühren Sie am Vorabend zuerst die zerbröckelte Hefe mit etwas lauwarmem Wasser und kneten dann gleich die Gewürze, die saure Sahne, das Ei, Sirup, Salz und Mehl unter. Den gut verkneteten Hefeteig lassen Sie im Kühlschrank zugedeckt über Nacht gehen. Am Morgen müssen Sie nur noch die Müslimischung unterkneten und die Brötchen fertigstellen wie beschrieben.

Zutaten für 12 Stück:

400 g Weizen-Vollkornmehl
1 Würfel Hefe (42 g)
5-6 EL lauwarmes Wasser
2 EL Zuckerrübensirup
5 Korianderkörner
1/2 TL gemahlener Zimt
250 g lauwarme saure Sahne
1 Ei
1/2 TL Meersalz
100 g kernige Müslimischung
Und: Butter für das Backblech
1 Eigelb zum Bestreichen
20 g gehackte Haselnüsse zum Bestreuen

Zubereitungszeit: 40 Min. (+ 1 Std. Gehzeit + 30 Min. Backzeit)
Pro Stück etwa: 941 kJ / 225 kcal
8 g EW/ 8 g F/ 34 g KH

Frisch am besten

Müslibrötchen

1 Das Mehl in eine Rührschüssel geben, eine Mulde hineindrücken. Die Hefe in die Mulde bröckeln, mit dem lauwarmen Wasser, etwas Mehl und 1 EL Sirup glattrühren. Den Hefevorteig an einem warmen Ort zugedeckt 20 Min. gehen lassen.

2 Die Korianderkörner im Mörser zerstoßen und mit dem Zimt, der sauren Sahne, dem Ei, dem übrigen Sirup, dem Salz und der Müslimischung zum Vorteig geben. Alles gut verkneten und wieder zugedeckt an einem warmen Ort 30 Min. gehen lassen.

3 Ein Backblech mit Butter bestreichen. Den Teig nochmals durchkneten, zu einer Rolle formen und diese in 12 gleich große Scheiben schneiden. Daraus runde oder ovale Brötchen formen. Die Brötchen auf das Blech setzen. Das Eigelb mit etwas Wasser verquirlen und die Brötchen damit bestreichen. Die gehackten Nüsse darüber streuen, leicht andrücken. Die Brötchen 10 Min. zugedeckt gehen lassen.

4 Inzwischen den Backofen auf 200° (Umluft 180°) vorheizen. Die Brötchen im Ofen (Mitte) in 25–30 Min. goldbraun backen.

Tip: Statt fertig gekauftem Müsli können Sie auch eine Mischung aus kernigen Haferflocken sowie kleingeschnittenen Rosinen und gehackten Haselnüssen verwenden.

Zutaten für 15 Stück:

500 g Weizenmehl, Type 405
1 Würfel Hefe (42 g)
3 EL Zucker
150 ml lauwarme Milch
2 Tütchen gemahlener Safran
75 g weiche Butter
125 g Buttermilch
1 TL Salz
Und: Mehl zum Arbeiten
Backpapier für das Backblech
1 Eigelb zum Bestreichen

Zubereitungszeit: 45 Min.
(+ 1 Std. 25 Min. Gehzeit
+ 12 Min. Backzeit)
Pro Stück etwa:
711 kJ / 170 kcal
6 g EW/ 5 g F/ 27 g KH

Frisch am besten

Süße Safranstangen

1 Das Mehl in eine Schüssel geben, eine Mulde hineindrücken. Die Hefe in die Mulde bröckeln und mit etwas Zucker und etwas Milch verrühren. Leicht mit Mehl bestäuben und zugedeckt an einem warmen Ort 10 Min. gehen lassen.

2 Den Safran mit etwas Milch glattrühren, mit der übrigen Milch, dem restlichen Zucker, der Butter, der Buttermilch und dem Salz zum Vorteig geben. Alles gründlich verkneten und zugedeckt an einem warmen Ort 45 Min. gehen lassen.

3 Den Teig auf der leicht bemehlten Arbeitsfläche noch einmal durchkneten. In 15 gleich große Portionen teilen. Jede Portion zu einer etwa 15 cm langen Stange formen. Auf ein mit Backpapier belegtes Blech setzen und zugedeckt bei Zimmertemperatur nochmals 30 Min. gehen lassen.

4 Inzwischen den Backofen auf 225° (Umluft 200°) vorheizen. Die Safranstangen mit verquirltem Eigelb bestreichen und im Ofen (Mitte) 10–12 Min. backen.

Tip: Die Safranstangen stoßen nach dem Aufgehen aneinander und sind teilweise nach dem Backen leicht miteinander verbunden. Wenn Sie das stört, müssen Sie die Stangen vor dem Aufgehen auf zwei Backbleche verteilen. Die Bleche dann nacheinander in den Ofen schieben.

Zutaten für 8 Stück:

350 g Weizenmehl, Type 550
1 Würfel Hefe (42 g)
1 TL Zucker
1/4 l lauwarme Milch
50 g Speisestärke
1 1/2 TL Salz
Und: Weizenmehl zum Arbeiten
Backpapier für das Backblech
1 Eigelb zum Bestreichen
3 EL Sesamsamen zum Bestreuen

Zubereitungszeit: 30 Min.
(+ 1 Std. 40 Min. Gehzeit
(+ 15 Min. Backzeit)
Pro Stück etwa:
920 kJ / 220 kcal
10 g EW/ 3 g F/ 41 g KH

Läßt sich gut vorbereiten

Rosenbrötchen

1 Das Mehl in eine Schüssel geben, eine Mulde hineindrücken. Die Hefe in die Mulde bröckeln und mit dem Zucker und etwas Milch verrühren. Leicht mit Mehl bestäuben und zugedeckt an einem warmen Ort 10 Min. gehen lassen.

2 Die restliche Milch, die Stärke und das Salz dazugeben und alles zu einem glatten, geschmeidigen Teig verkneten. Zugedeckt an einem warmen Ort 45 Min. gehen lassen.

3 Den Teig noch einmal durchkneten und in 8 gleich große Portionen teilen. Jede Portion zu runden Brötchen formen und auf ein mit Backpapier belegtes Blech setzen. In jedes Brötchen auf der Oberfläche von der Mitte beginnend sternförmig fünf etwa 1 cm tiefe Einschnitte machen. Die Brötchen zugedeckt 45 Min. gehen lassen.

4 Den Backofen rechtzeitig auf 225° (Umluft 200°) vorheizen. Die Einschnitte auf den Brötchen noch einmal nachschneiden. Das Eigelb mit 2 EL Wasser verquirlen, die Brötchen damit bestreichen und mit Sesam bestreuen. Im Ofen (Mitte) in 12–15 Min. goldgelb backen. Auf einem Kuchengitter auskühlen lassen.

Panini

1 Das Mehl in eine Schüssel geben, eine Mulde hineindrücken. Die Hefe in die Mulde bröckeln und mit dem Zucker und etwas Wasser verrühren. Leicht mit Mehl bestäuben und zugedeckt an einem warmen Ort 10 Min. gehen lassen.

2 Das restliche Wasser und das Salz dazugeben und alles zu einem glatten Teig verkneten. Zugedeckt bei Zimmertemperatur 2 Std. gehen lassen.

3 Den Teig auf der leicht bemehlten Arbeitsfläche noch einmal durchkneten. Zu einer Rolle formen und in 8 gleich große Portionen teilen. Jede Portion zu einem länglichen Brötchen formen, den Teig nach Belieben ein wenig verdrehen. Die Brötchen auf ein mit Backpapier belegtes Blech setzen und zugedeckt noch 35 Min. gehen lassen. Den Backofen rechtzeitig auf 200° (Umluft 180°) vorheizen. Die Brötchen im Ofen (Mitte) 12 Min. backen.

Zutaten für 8 Stück:

350 g Weizenmehl, Type 405
60 g frische Hefe
1 TL Zucker
200 ml lauwarmes Wasser
2 TL Salz
Und: Mehl zum Arbeiten
Backpapier für das Blech

Zubereitungszeit: 30 Min.
(+ 2 3/4 Std. Gehzeit
(+ 12 Min. Backzeit)
Pro Stück etwa:
719 kJ / 172 kcal
9 g EW/ 1 g F/ 35 g KH

Gelingt leicht

Vollkorn-Stangen

Zutaten für 6 Stück:

500 g Weizen
100 g Roggen
2 TL Rosmarinnadeln
1 TL getrockneter Thymian
1 Würfel Hefe (42 g)
1/4 l Wasser
1/8 l Milch
2 TL Meersalz
1 EL Honig
4 EL kaltgepreßtes Sonnenblumenöl
Und: Mehl zum Arbeiten
Butter für das Backblech
je 2 EL Mohn und Sesamsamen zum Bestreuen

Zubereitungszeit: 25 Min.
(+ 1 Std. 10 Min. Gehzeit
+ 20 Min. Backzeit)
Pro Stück etwa:
1903 kJ / 455 kcal
16 g EW / 11 g F / 81 g KH

Gelingt leicht

1 Weizen und Roggen mit Rosmarin und Thymian mehlfein mahlen (oder die Gewürze im Mörser zermahlen und dann mit dem Vollkornmehl vermischen). Die Hefe zerbröckeln und in 2 El lauwarmem Wasser auflösen. Mit dem restlichen Wasser, mit Milch, Salz, Honig und Öl vermischen. Das gewürzte Mehl unterkneten und alles zu einem saftigen geschmeidigen Teig verarbeiten. Den Teig zugedeckt 50 Min. bei Zimmertemperatur gehen lassen.

2 Den Teig auf der bemehlten Arbeitsfläche kurz durchkneten. Eine Rolle formen und in 6 gleich große Teile schneiden. Jedes Teigstück auf etwa 18 x 30 cm ausrollen. Dann längsseits aufrollen, so daß eine Rolle von 18 cm Länge und 4 cm Durchmesser entsteht.

3 Die Enden umschlagen und die Naht jeweils andrücken. Die Stangen einmal rollen und leicht nach außen ziehen, um ihnen Spannung zu geben. Ein Backblech einfetten und die Stangen mit der Nahtseite nach unten darauf verteilen.

4 Die Stangen mit Wasser bestreichen, mit Mohn und mit Sesamsamen bestreuen und zugedeckt 20 Min. gehen lassen. Inzwischen den Backofen auf 200° (Umluft 180°) vorheizen. Eine feuerfeste Schale mit kochend heißem Wasser hineinstellen. Die Vollkorn-Stangen im Backofen (Mitte) 20 Min. backen.

Variante:
Vollkorn-Quinoa-Stangen

Statt Roggen Quinoa gemeinsam mit dem Weizen mahlen. Statt mit Thymian mit 1/2 TL Paprikapulver, edelsüß, würzen. Nach Belieben 100 g geriebenen Parmesan nach dem ersten Gehen einarbeiten.

Party-Brötchen

Zutaten für 56 Stück:

Für den Teig:
2 TL Korianderkörner
2 TL Kümmel
400 g Roggen
800 g Weizen
100 g frische Hefe
360 ml Wasser
360 ml Buttermilch
3 EL Meersalz
1 EL Honig
8 EL kaltgepreßtes Olivenöl
Für die Füllung:
50 g schwarze Oliven
50 g Walnüsse
30 g Haselnüsse
20 g Pinienkerne
1 kleine Zwiebel
1/2 EL kaltgepreßtes Olivenöl
1 Knoblauchzehe
3 Zweige glatte Petersilie
1/2 Zweig Rosmarin
30 g sonnengetrocknete Tomaten
2 Zweige Dill
1/2 TL getrockneter Thymian
1/2 TL getrockneter Salbei
50 g Sonnenblumenkerne
60 g frisch geriebener Parmesan
Und: Mehl zum Arbeiten
Butter für das Backblech
1 EL Mohn zum Bestreuen

Zubereitungszeit: 1 Std. (+ 1 Std. 20 Min. Gehzeit + 1 1/2 Std. Backzeit)
Pro Stück etwa: 448 kJ / 107 kcal
4 g EW / 3 g F / 18 g KH

Für Gäste

1 Für den Teig Koriander und Kümmel mit Roggen und Weizen mehlfein mahlen (oder die Gewürze im Mörser zerstoßen und unter das Vollkornmehl mischen). Die Hefe zerbröckeln und in 2 EL lauwarmem Wasser auflösen. In einer Rührschüssel mit dem restlichen Wasser, mit Buttermilch, Salz und Honig vermischen. Das Mehl unterarbeiten und zu einem geschmeidigen, saftigen Teig verkneten. Bei Bedarf noch etwas Mehl oder Wasser dazugeben. Den Teig zugedeckt 1 Std. bei Zimmertemperatur gehen lassen.

2 Inzwischen für die Füllung die Oliven entsteinen und kleinschneiden. Die Nüsse und die Pinienkerne einzeln grob hacken. Die Zwiebel schälen und kleinschneiden. 1/2 EL Öl bei mittlerer Hitze in einer Pfanne heiß werden lassen und die Zwiebel darin goldgelb dünsten; dann in einem Schüsselchen abkühlen lassen.

3 Den Knoblauch schälen, durch die Knoblauchpresse drücken. Petersilie und Rosmarin waschen, die Blättchen fein hacken. Den Knoblauch und die gehackten Kräuter unter die Zwiebel mischen. Die getrockneten Tomaten in kleine Würfel schneiden. Dill waschen, die Blättchen kleinschneiden. Dill, Thymian und Salbei vermischen.

4 Den Teig noch einmal auf der bemehlten Arbeitsfläche kurz durchkneten, das Öl unterarbeiten. Den Teig zu einer Rolle formen und in 8 gleich große Stücke teilen. Das erste Teigstück mit den Oliven verkneten, das zweite mit den Walnüssen, das dritte mit den Haselnüssen und Pinienkernen, das vierte mit den Sonnenblumenkernen, das fünfte mit der Hälfte der Zwiebel-Kräuter-Masse, das sechste mit der zweiten Hälfte der Zwiebel-Kräuter-Masse und den sonnengetrockneten Tomaten, das siebte mit der Hälfte der Dill-Salbei-Mischung und das achte mit der restlichen Dill-Salbei-Mischung und 30 g Parmesan verkneten. Die Teigstücke, die gerade nicht bearbeitet werden, mit einem Tuch bedecken.

5 Die 8 Teigstücke erneut einzeln zu Rollen formen, in jeweils sieben gleich große Stücke teilen und hieraus runde kleine Brötchen formen. Ein Backblech einfetten und die Brötchen darauf setzen, mit Wasser bestreichen und oben abwechselnd längs, gitter- und sternförmig einschneiden. Die Dill-Salbei-Brötchen mit Mohn und die Käse-Kräuter-Brötchen mit dem restlichen Parmesan bestreuen.

6 Alles zugedeckt 15–20 Min. bei Zimmertemperatur gehen lassen. Inzwischen den Backofen auf 200° (Umluft 180°) vorheizen und die Brötchen portionsweise im Ofen (Mitte) 20–30 Min. backen. Auf einem Kuchengitter auskühlen lassen.

Die Partybrötchen passen zu Prosecco, Wein und Bier und als Beilagenbrötchen zum kalten oder warmen Büfett.

Tip: Wenn Sie die Brötchen vorbereiten, aber dennoch zur Party heiß servieren möchten, dann backen Sie sie am Vortag nur etwa 10 Min. vor. Vor Partybeginn zum Fertigbacken für 10 Min. bei 200° (Umluft 180°) in den vorgeheizten Backofen geben – die Brötchen schmecken dann herrlich frisch.

Den Teig in eine Schüssel zurückgeben und das restliche Öl mit den Händen unterkneten.

Die portionierten Teigstücke mit den unterschiedlichen Füllungen verkneten.

Mit der Handfläche auf dem Teigstück kreisen, bis die Teigkugel Spannung hat und glatt und rund ist.

Griechische Osterschleifen

Zutaten für 8 Stück:

- 11 Eier
- Ostereierfarbe
- 1/2 TL Sonnenblumenöl
- 500 g Weizenmehl, Type 405
- 1 Würfel Hefe (42 g)
- 6 EL lauwarmes Wasser
- 100 g Zucker
- 100 g Butter
- 1/2 TL Salz
- 1 TL abgeriebene Schale von 1 unbehandelten Orange
- 1 TL Anispulver
- Und: Butter für das Backblech
- Mehl zum Arbeiten
- 1 Eigelb zum Bestreichen
- 50 g Sesamsamen zum Bestreuen

Zubereitungszeit: 45 Min.
(+ 1 Std. 25 Min. Gehzeit
+ 20 Min. Backzeit)
Pro Stück etwa:
2092 kJ / 500 kcal
20 g EW / 22 g F / 61 g KH

Frisch am besten

1 Von den Eiern 8 Stück 3 Min. vorkochen. Mit der Ostereierfarbe nach Packungsangabe färben, dann mit dem Öl glänzend einreiben. Mehl in eine Schüssel sieben, eine Mulde hineindrücken. Die Hefe mit dem lauwarmen Wasser und 1 TL Zucker glattrühren, in die Mulde gießen, mit etwas Mehl verrühren, zugedeckt 10 Min. an einem warmen Ort gehen lassen, bis die Hefe Blasen zeigt.

2 Die Butter schmelzen, mit dem restlichen Zucker, mit 3 Eiern, Salz, Orangenschale und Anispulver zum Vorteig geben. Alles verrühren und verkneten, zugedeckt an einem warmen Ort 1 Std. gehen lassen. Backofen auf 180° (Umluft 160°) vorheizen. Ein Backblech einfetten.

3 Den Teig zusammenkneten, auf der leicht bemehlten Arbeitsfläche zu einer Rolle formen und in 8 gleich große Stücke teilen. Diese in 25–30 cm lange Rollen formen. Die Enden überkreuzen, die Schleifen auf das Blech legen. In die Rundungen je 1 gefärbtes Ei setzen. Eigelb mit 1 EL Wasser verquirlen, die Schleifen damit einpinseln, mit Sesam bestreuen. 15 Min. zugedeckt an einem warmen Ort gehen lassen, portionsweise im Ofen (Mitte) in 15–20 Min. goldbraun backen.

Bagels

Zutaten für 14 Stück:

- 500 g Weizenmehl, Type 550
- 1/2 Würfel Hefe (21 g)
- 3 EL Zucker
- 250 ml lauwarmes Wasser
- 60 ml Maiskeimöl
- 1 TL Salz · 1 verquirltes Ei
- Und: 1 Eiweiß
- je 1 EL Sesamsamen und Mohn
- Backpapier für die Backbleche

Zubereitungszeit: 40 Min.
(+ 1 1/2 Std. Gehzeit
+ 1 Std. 10 Min. Backzeit)
Pro Stück etwa:
770 kJ / 184 kcal
6 g EW / 6 g F / 29 g KH

Frisch am besten

1 Das Mehl in eine Schüssel sieben, eine Mulde hineindrücken. Die Hefe mit Zucker im Wasser auflösen, in die Mulde gießen und mit Mehl vom Rand bestreuen. Zugedeckt an einem warmen Ort 15 Min. gehen lassen. Dann Öl, Salz und Ei dazugeben und den Teig gut verkneten. Zugedeckt 30 Min. gehen lassen, dann mit den Händen 10 Min. kneten und schlagen. Zugedeckt 30 Min. gehen lassen.

2 Den Teig zusammenkneten, in 14 gleich große Portionen teilen, jede Portion zu einem dicken, 15 cm langen Strang formen. Die Enden fest zu Kringeln zusammenfügen. Zugedeckt 15 Min. gehen lassen. Backofen auf 200° (Umluft 180°) vorheizen. Eine feuerfeste Schale mit heißem Wasser hineinstellen. 2 Bleche mit Backpapier belegen.

3 Die Kringel portionsweise 1 Min. in siedendes Wasser geben, abtropfen lassen und auf die Bleche setzen, mit Eiweiß einpinseln und mit Sesam und Mohn bestreuen. Portionsweise im Ofen (Mitte) in 30–35 Min. goldbraun backen.

Zutaten für 6 Stück:

500 g Weizenmehl, Type 550
1 Würfel Hefe (42 g)
80 g Zucker
180 ml lauwarme Milch
100 g geschmolzene, abgekühlte Butter
3 verquirlte Eigelbe
1 Msp. Safranpulver
3 Tropfen Zitronenöl (Tip Seite 102) oder 1 TL abgeriebene Zitronenschale von 1 unbehandelten Zitrone
1 Prise Salz
Und: Mehl zum Arbeiten
Backpapier für die Backbleche
1 Eiweiß zum Bepinseln
etwa 50 g Rosinen zum Verzieren

Zubereitungszeit: 50 Min. (+ 1 1/2 Std. Gehzeit + 50 Min. Backzeit)
Pro Stück etwa: 2305 kJ / 551 kcal
18 g EW / 19 g F / 85 g KH

Frisch am besten

Weckmänner

1 Das Mehl in eine Schüssel sieben, eine Mulde hineindrücken. Die Hefe und den Zucker mit dem Schneebesen in der Milch auflösen, in die Mulde gießen und mit Mehl vom Rand bestreuen. Zugedeckt an einem warmen Ort 10 Min. gehen lassen.

2 Butter, Eigelbe, Safran, Zitronenöl und Salz zum Mehl geben und alles zu einem glatten Teig verarbeiten. Zugedeckt an einem warmen Ort 30 Min. gehen lassen. Dann mit den Händen auf der leicht bemehlten Arbeitsfläche 10 Min. kneten und schlagen. Dabei gerade soviel Mehl verwenden, daß der sehr weiche Teig nicht arg an den Händen klebt. Zugedeckt weitere 40 Min. gehen lassen, bis sich das Teigvolumen verdoppelt hat.

3 Den Teig zusammenkneten und in 6 Portionen teilen. Jede Portion oval auf etwa 20 x 10 cm ausrollen. Für die Arme längs an jeder Seite einen 2 cm breiten Schlitz einschneiden, je 6 cm Teig davon abschneiden und zu einer Kugel kneten.

4 Die Kugel etwas flach drücken, oben für den Kopf an den Teig legen und die Schnittflächen gut zusammendrücken. Für die Beine einen 6–8 cm langen Schnitt von unten in der Teigmitte anbringen. Den Backofen auf 190° vorheizen. Zwei Backbleche mit Backpapier auslegen.

5 Die Weckmänner auf die Bleche legen und zugedeckt 10 Min. gehen lassen. Dann die erste Portion mit Eiweiß einpinseln, mit Rosinen Augen, Knöpfe oder Ketten in den Teig eindrücken. Im Ofen (Mitte) 20–25 Min. backen. Vom Blech nehmen und auf einem Gitter abkühlen lassen. Mit der zweiten Portion genauso verfahren.

Tip: Wer die Weckmänner ganz original wie im Rheinland zur Vorweihnachtszeit backen möchte, besorgt sich beim Bäcker die dafür notwendigen Tonpfeifen. Sie werden leicht in den Teig eingedrückt und, von einem Teigarm gehalten, mit eingebacken.

Zutaten für 8 Stück:

300 g Weizenmehl, Type 1050
1 Würfel Hefe (42 g)
1 TL Zucker
1/4 l lauwarmes Wasser
100 g Mehrkornflocken (z.B. Hafer, Weizen, Roggen, Gerste, siehe Tip)
1 TL Salz
3 EL Öl
Und: Mehl zum Arbeiten
Backpapier für das Backblech
3 EL Sesamsamen zum Bestreuen

Zubereitungszeit: 30 Min. (+ 1 Std. 10 Min. Gehzeit + 15 Min. Backzeit)
Pro Stück etwa: 962 kJ / 230 kcal
10 g EW / 6g F / 39 g KH

Gelingt leicht

Mehrkornhörnchen

1 Das Mehl in eine Schüssel geben, eine Mulde hineindrücken. Die Hefe in die Mulde bröckeln und mit dem Zucker und etwas Wasser verrühren. Leicht mit Mehl bestäuben und zugedeckt an einem warmen Ort 10 Min. gehen lassen.

2 Das restliche Wasser, die Flocken, das Salz und das Öl dazugeben. Alles zu einem glatten Teig verkneten und zugedeckt an einem warmen Ort 30 Min. gehen lassen.

3 Den Teig auf der bemehlten Arbeitsfläche noch einmal durchkneten, zu einer Rolle formen und in 8 gleich große Portionen teilen. Jedes Teigstück wieder zu einer dicken Rolle formen, diese zu Hörnchen biegen und auf ein mit Backpapier belegtes Blech setzen. Zugedeckt noch 30 Min. gehen lassen.

4 Den Backofen rechtzeitig auf 200° (Umluft 180°) vorheizen. Die Hörnchen mit Wasser einpinseln und mit Sesam bestreuen, im Ofen (Mitte) 15 Min. backen. Auf einem Kuchengitter auskühlen lassen.

Tip: Die Flocken gibt es bereits fertig als Mischung zu kaufen. Wenn Sie solch eine Mischung nicht bekommen, verwenden Sie nur eine oder zwei Sorten Getreideflocken (etwa Hafer- und Weizen-Vollkornflocken).

Variante:
Mehrkornhörnchen mit Käsefüllung

Dafür etwa 100 g Emmentaler oder mittelalten Gouda in kleine, längliche Stücke schneiden. Diese Käsestücke beim Formen der Hörnchen in die Mitte geben und darauf achten, daß der Käse vollständig von Teig umgeben ist. Dann weiter verfahren, wie im Rezept beschrieben.

Zutaten für 8 Stück:
300 g Weizenmehl, Type 1050
1 Würfel Hefe (42 g)
1 TL Zucker
1/4 l lauwarmes Wasser
100 g Grünkernschrot
1 TL Salz
3 EL Öl
Und: Mehl zum Arbeiten
Backpapier für das Backblech

Zubereitungszeit: 40 Min.
(+ 1 Std. 10 Min. Gehzeit
+ 18 Min. Backzeit)
Pro Stück etwa:
657 kJ / 157 kcal
7 g EW / 3 g F / 30 g KH

Frisch am besten

Grünkernbrötchen

1 Das Mehl in eine Schüssel geben, eine Mulde hineindrücken. Die Hefe in die Mulde bröckeln und mit dem Zucker und etwas Wasser verrühren. Leicht mit Mehl bestäuben und zugedeckt an einem warmen Ort 10 Min. gehen lassen.

2 Das restliche Wasser, Schrot, Salz und das Öl dazugeben, alles zu einem glatten Teig verarbeiten. Zugedeckt an einem warmen Ort 30 Min. gehen lassen.

3 Den Teig auf der leicht bemehlten Arbeitsfläche noch einmal durchkneten. Zu einer Rolle formen und in 8 gleich große Portionen teilen. Diese zu länglichen Brötchen formen und auf ein mit Backpapier belegtes Blech setzen. Zugedeckt noch 30 Min. gehen lassen.

4 Den Backofen rechtzeitig auf 200° (Umluft 180°) vorheizen. Die Brötchen im Ofen (Mitte) 15–18 Min. backen.

Tip: Nach diesem Rezept können Sie die Brötchen statt mit Grünkernschrot auch mit einer Schrotmischung aus verschiedenen Getreidesorten backen. Kaufen Sie beispielsweise abgepacktes Sechskorngetreide und lassen Sie sich die Körner gleich beim Einkauf schroten.

Zutaten für 8 Stück:

3 EL Sauerteig (siehe Tip)
300 g Roggen-Vollkornmehl
400 ml lauwarmes Wasser
1/2 Würfel Hefe (21 g)
200 g Weizen-Vollkornmehl
1 TL gemahlener Kümmel
1 TL gemahlener Fenchel
1 TL gemahlener Koriander
2 TL Salz
Und: Weizen-Vollkornmehl zum Arbeiten
Backpapier für das Backblech
1 TL Salz und 1/8 l heißes Wasser zum Bestreichen

Zubereitungszeit: 50 Min. (+ 5 Std. Gärzeit + 1 1/4 Std. Gehzeit + 35 Min. Backzeit)
Pro Stück etwa: 908 kJ / 217 kcal
10 g EW / 2 g F / 46 g KH

Vollwertig

Vintschgauer

1 Den Sauerteig mit 200 g Roggenmehl und 200 ml lauwarmem Wasser verrühren und zugedeckt 5 Std. gären lassen. Danach 3 EL Sauerteig wegnehmen und für das nächste Brot in einem Glas gut verschlossen im Kühlschrank aufbewahren (der Sauerteig hält etwa 3 Wochen).

2 Die Hefe mit etwas Weizenmehl und etwas lauwarmem Wasser verrühren und zugedeckt an einem warmen Ort 15 Min. gehen lassen.

3 Den Sauerteig mit dem Hefevorteig, dem restlichen lauwarmen Wasser, dem übrigen Roggen- und Weizenmehl, den Gewürzen und dem Salz vermengen und alles zu einem geschmeidigen Teig verkneten. Den Teig zugedeckt bei Zimmertemperatur 30 Min. gehen lassen.

4 Den Teig nochmals gut durchkneten. Auf der gut bemehlten Arbeitsfläche zu einer Rolle formen und in 8 gleich große Stücke teilen. Jedes Teigstück mit den Handballen zu einem runden, flachen Fladen drücken. Ein Blech mit Backpapier auslegen. Die Fladen auf das Blech legen, mit einer Gabel mehrmals einstechen und zugedeckt 30 Min. gehen lassen.

5 Den Backofen auf 220° (Umluft 200°) vorheizen. Eine feuerfeste Schale mit kochend heißem Wasser hineinstellen. Die Fladen im Ofen (Mitte) 15 Min. backen. Den Backofen auf 180° (Umluft 160°) zurückschalten und die Fladen in weiteren 20 Min. fertigbacken.

6 Zum Bestreichen das Salz in dem heißen Wasser auflösen. Die ofenfrischen Fladen damit bepinseln und unter einem Küchentuch abkühlen lassen.

Tip: Sie können für diesen Teig zurückbehaltenen Sauerteig vom letzten Backen oder den flüssigen Natursauerteig aus dem Päckchen verwenden.

Sauerteigbrötchen

Zutaten für 18 Stück:

1/2 Päckchen flüssiger Natursauerteig (75 g)
550 ml lauwarmes Wasser
400 g Roggen-Vollkornmehl
450 g Weizen-Vollkornmehl
1 EL Meersalz
je 1/2 TL gemahlener Anis, Kümmel und Koriander
100 g Crème fraîche
1 Würfel Hefe (42 g)
1 EL Honig
50 ml lauwarmes Wasser
Und: Mehl zum Arbeiten und für die Backbleche
Sonnenblumenkerne und Getreideflocken zum Bestreuen

Zubereitungszeit: 50 Min.
(+ 12 Std. Gärzeit + 3 1/2 Std. Gehzeit + 1 Std. 10 Min. Backzeit)
Pro Stück etwa:
439 kJ / 105 kcal
4 g EW / 3 g F / 17 g KH

Für Geübte

1 Den Sauerteig in 1/2 l lauwarmem Wasser verrühren, das Roggenmehl einrühren und mit Frischhaltefolie zugedeckt 12 Std. über Nacht gären lassen.

2 Das Weizenmehl in eine große Schüssel geben, Salz, Gewürze und Crème fraîche darauf verteilen. Hefe und Honig mit einem Schneebesen in 50 ml lauwarmem Wasser auflösen und mit dem Sauerteig in die Schüssel geben. Alles mit den Knethaken des elektrischen Handmixers 10 Min. kneten. Dann zugedeckt an einem warmen Ort 2 Std. gehen lassen.

3 Den Teig 5 Min. durchkneten, dann 1 Std. an einem warmen Ort gehen lassen. Zwei Backbleche mit Mehl bestreuen. Den Teig zusammenkneten und nacheinander mit dem Eßlöffel 18 Teigportionen abstechen und in die gut bemehlten Hände geben. Aus dem sehr weichen Teig runde Brötchen formen, auf die Bleche setzen und zugedeckt 30 Min. gehen lassen.

4 Den Backofen auf 190° vorheizen, eine feuerfeste Schale mit kochend heißem Wasser hineinstellen. Die Brötchen mit Wasser besprühen, Sonnenblumenkerne und Getreideflocken darüber streuen und leicht andrücken. Jedes Brötchen mit einem scharfen Messer kreuzweise einschneiden. Die Brötchen nacheinander im Ofen (Mitte, Umluft 170°) 30–35 Min. backen und auf einem Kuchengitter auskühlen lassen.

Tip: Wer zum Frühstück frische Sauerteigbrötchen haben möchte, sollte den Sauerteig schon 24 Std. vorher ansetzen. Den Teig mit Hefe, den Gewürzen und dem restliche Mehl dann am späten Vorabend ansetzen und über Nacht nicht zu warm (18–20°) gehen lassen.

Laugenbrezen

Zutaten für 14 Stück:

500 g Weizenmehl, Type 550
1 Würfel Hefe (42 g)
1 TL Zucker
350 ml lauwarmes Wasser
1 TL Salz
50 g Natron (Natriumcarbonat)
Und: Mehl zum Arbeiten
Backpapier für die Backbleche
2 EL grobes Meersalz zum Bestreuen

Zubereitungszeit: 1 Std. (+ 2 Std. Gehzeit + 50 Min. Backzeit)
Pro Stück etwa: 548 kJ / 131 kcal
6 g EW / 1 g F / 27 g KH

Für Geübte

1 Das Mehl in eine große Schüssel sieben und eine Mulde hineindrücken. Die Hefe in die Mulde bröckeln und mit Zucker und etwas lauwarmem Wasser verrühren. Leicht mit Mehl bestäuben und zugedeckt an einem warmen Ort 15 Min. gehen lassen.

2 Das restliche Wasser und das Salz dazugeben und alles mit den Knethaken des elektrischen Handmixers zu einem glatten Teig verkneten. Zugedeckt an einem warmen Ort 1 Std. gehen lassen, bis sich das Teigvolumen verdoppelt hat. Dann auf der bemehlten Arbeitsfläche mit den Händen 10 Min. kräftig kneten und schlagen, zugedeckt weitere 30 Min. gehen lassen.

3 Natron in 2 l Wasser auflösen und in einem unbeschädigten emaillierten Topf 10 Min. offen kochen. Anschließend die Hitze soweit herunterschalten, daß die Temperatur der Lauge knapp unter dem Siedepunkt ist. 2 Backbleche mit Backpapier auslegen.

4 Den Teig zusammenkneten und auf der bemehlten Arbeitsfläche zu einer Rolle formen. Diese in 14 gleich große Portionen teilen. Jedes Stück zu einem dünnen, 35–40 cm langen Strang formen, der in der Mitte etwas dicker ist. Diesen Strang zur Breze legen, die Enden gut festdrücken. Die Brezen zugedeckt 15 Min. gehen lassen. Inzwischen den Backofen auf 200° (Umluft 180°) vorheizen.

5 Die Brezen nacheinander mit dem Schaumlöffel in die Lauge geben und 1 Min. vorgaren, abtropfen lassen und auf die Bleche legen. Etwas grobes Salz über jede Breze streuen und leicht eindrücken. Die erste Portion Brezen im Ofen (Mitte) 20–25 Min. backen, bis sie schön dunkel sind. Auf einem Kuchengitter auskühlen lassen. Mit der zweiten Portion genauso verfahren.

Tip: Brezen am besten ungebacken, nur in Lauge vorgegart, einfrieren. So können sie in kurzer Zeit ofenfrisch und knusprig serviert werden.

Variante:
Käsestangen

Dafür den Teig in 8 gleich große Stücke schneiden und jedes Stück oval etwa 15 cm lang ausrollen. Den Teig der Länge nach einrollen, die Nähte gut festdrücken. Teigstangen einzeln je 1 Min. in der Lauge vorgaren, dann mit einem scharfen Messer längs bis knapp vor den Stangenenden einschneiden und die Öffnungen leicht auseinanderziehen. Stangen mit den Öffnungen nach oben und den Nähten nach unten auf die Backbleche legen und insgesamt 150 g geriebenen Emmentaler auf den Öffnungen verteilen. Im Ofen (Mitte) 25–30 Min. backen. Das Laugengebäck läßt sich auch gut zu Zöpfen oder Schnecken formen.

Jedes Stück Teig zu einem dünnen, 35–40 cm langen Strang formen, der in der Mitte etwas dicker ist.

Aus dem Strang einen Kringel formen, die Enden überkreuzen, diese einmal umeinander schlingen, Enden festdrücken.

Die Brezen nacheinander mit dem Schaumlöffel in die Lauge geben und 1 Min. vorgaren.

Zutaten für 8 Stück:

250 g Weizenmehl, Type 405
75 g Weizenschrot
1/2 Würfel Hefe (21 g)
1 TL Zucker
100 ml lauwarmes Wasser
4 EL Öl
1 1/2 TL Salz
1 TL gemahlener Anis
1/8 l Milch
Und: Mehl zum Arbeiten
Backpapier für das Backblech
1 Eigelb zum Bestreichen
etwa 30 g geriebener Emmentaler zum Bestreuen

Zubereitungszeit: 40 Min. (+ 1 Std. Gehzeit + 18 Min. Backzeit)
Pro Stück etwa: 887 kJ / 212 kcal
8 g EW / 7 g F / 32 g KH

Frisch am besten

Käsebrezeln

1 Das Mehl und den Schrot in eine Schüssel geben und vermischen. Eine Mulde hineindrücken. Die Hefe in die Mulde bröckeln und mit dem Zucker und etwas Wasser verrühren. Leicht mit Mehl bestäuben und zugedeckt an einem warmen Ort 10 Min. gehen lassen.

2 Das restliche Wasser, Öl, Salz, den Anis und die Milch dazugeben. Alles zu einem glatten Teig verkneten und zugedeckt noch 30 Min. an einem warmen Ort gehen lassen.

3 Den Teig auf der leicht bemehlten Arbeitsfläche noch einmal durchkneten. In 8 gleich große Portionen teilen, zu fingerdicken, langen Strängen formen und zu Brezeln legen, auf ein mit Backpapier belegtes Blech heben. Zugedeckt noch 20 Min. gehen lassen.

4 Inzwischen den Backofen auf 200° (Umluft 180°) vorheizen. Das Eigelb verquirlen und die Brezeln damit bestreichen. Mit Käse bestreuen und im Ofen (Mitte) 16–18 Min. backen. Auf einem Kuchengitter auskühlen lassen.

Variante:
Käse-Speck-Brezeln

Für diese noch herzhaftere Variante etwa 100 g durchwachsenen Räucherspeck von Schwarte und Knorpeln befreien und in sehr kleine Würfel schneiden. In einer Pfanne knusprig ausbraten, abkühlen lassen und nach dem ersten Aufgehen unter den Teig kneten. Sonst bleibt die Zubereitung gleich.

Zutaten für 8 Stück:

500 g Weizenmehl, Type 405
1 Würfel Hefe (42 g)
1/4 l lauwarmes Wasser
50 g Butter
1 TL Salz
Und: Sonnenblumenöl für Hände und Backbleche
1 Ei zum Bestreichen
100 g Sesamsamen zum Bestreuen

***Zubereitungszeit:* 45 Min.**
(+ 1 Std. 20 Min. Gehzeit + 1 Std. Backzeit)
Pro Stück etwa:
1481 kJ / 354 kcal
15 g EW / 14 g F / 49 g KH

Frisch am besten

Sesamkringel

1 Das Mehl in eine Schüssel geben und mit den Händen auflockern. Eine Mulde hineindrücken. Die Hefe in 1/8 l lauwarmem Wasser auflösen und in die Mulde gießen. Mit etwas Mehl vom Rand vermischen und 10 Min. zugedeckt an einen warmen Ort stellen, bis die Hefe zu schäumen beginnt.

2 Die Butter schmelzen und abkühlen lassen. Das Salz auf den Mehlrand streuen, die Butter hinzufügen. Alles verrühren, dabei noch 1/8 l Wasser dazugießen. Den Teig mit den Knethaken des elektrischen Handmixers 8–10 Min. durcharbeiten. Dann die Hände einölen und den Teig gut durchkneten. Zugedeckt an einem warmen Ort 1 Std. gehen lassen.

3 Zwei Backbleche einfetten. Eine Schüssel mit warmem Wasser bereitstellen. Den Teig nochmals durchkneten, zu einer Rolle formen und in 8 gleich große Portionen teilen. Diese zu 30–35 cm langen Rollen formen, zu Kringeln zusammenlegen, die Enden gut zusammendrücken. Den Backofen rechtzeitig auf 225° (Umluft 200°) vorheizen.

4 Die Kringel nacheinander mit beiden Händen kurz in das Wasser tauchen, abtropfen lassen und auf die Bleche verteilen. Das Ei verquirlen und die Oberseite der Kringel damit einpinseln, dann dick mit Sesam bestreuen. Die Kringel 10 Min. gehen lassen. Dann portionsweise im Ofen (Mitte) in 25–30 Min. hellbraun backen.

Zutaten für 56 Stück:
900 g Weizenmehl, Type 405
1 EL Salz
1 Würfel Hefe (42 g)
500 ml lauwarmes Wasser
200 g weiches Schweineschmalz
3 EL kaltgepreßtes Olivenöl
Und: Öl für die Backbleche
Mehl zum Arbeiten

Zubereitungszeit: 1 Std. (+ 55 Min. Gehzeit + 1 Std. Backzeit)
Pro Stück etwa: 389 kJ / 93 kcal
2 g EW / 4 g F/ 12 g KH

Braucht etwas Zeit

Grissini

1 Das Mehl mit Salz in einer Schüssel mischen, eine Mulde hineindrücken. Hefe in 100 ml lauwarmem Wasser verrühren, in die Mulde gießen und mit etwas Mehl vermengen. An einem warmen Ort zugedeckt 10 Min. gehen lassen. Alles mit dem übrigen Wasser verrühren. Das Schmalz in Flocken darauf geben, das Öl hinzufügen. Den Teig gut durchkneten, dann zu einer Kugel formen. Zugedeckt in der Schüssel an einem warmen Ort 30 Min. gehen lassen.

2 Den Backofen auf 250° (Umluft 220°) vorheizen. Zwei Bleche einfetten. Den Teig zusammenkneten und auf der bemehlten Arbeitsfläche zu einer Rolle formen. Diese halbieren. Jede Hälfte in 28 gleich große Stücke teilen, diese zu 20 cm langen, dünnen Rollen formen und je 14 Rollen auf die beiden Bleche legen.

3 Die Rollen 15 Min. zugedeckt gehen lassen, leicht mit Wasser einpinseln und im Ofen (Mitte) 12 Min. backen. Das Blech eine Stufe höher einschieben und die Grissini in 2 Min. goldgelb backen. Mit den restlichen Rollen genau so verfahren.

Vollkorn-Pizzabrot

1 Den Weizen mehlfein mahlen. Die Hefe zerbröckeln und in 2 EL lauwarmem Wasser auflösen. In einer Rührschüssel mit dem restlichen Wasser, 1 TL Salz, Honig und Mehl vermischen und zu einem glatten, elastischen Teig verkneten. Den Teig in der Schüssel zugedeckt bei Zimmertemperatur 1 Std. gehen lassen.

2 Den Teig noch einmal kurz durchkneten, dabei 2 EL Öl einarbeiten. Den Teig zu zwei Fladen von etwa 18 cm Durchmesser ausrollen. Den Teig mit den Handballen etwas zum Rand hin drücken, so daß der Rand etwas dicker wird. Ein Backblech einfetten und die Pizzen darauflegen. Die Knoblauchzehe schälen, pressen und mit dem restlichen Öl vermischen.

3 Rosmarin und Salbei auf den Pizzen verteilen und festdrücken. Die Pizzen mit dem Knoblauchöl bestreichen und zugedeckt nochmals 15 Min. gehen lassen. Inzwischen den Backofen auf 250° (Umluft 220°) vorheizen und die Pizzen im Ofen (Mitte) 15 Min. backen. Aus dem Ofen nehmen, mit Salz und Pfeffer bestreuen und heiß servieren.

Zutaten für 2 Stück:
250 g Weizen
1/2 Würfel Hefe (21 g)
150 ml Wasser
Meersalz · 1/2 TL Honig
3 EL kaltgepreßtes Olivenöl
1 Knoblauchzehe
1 El Rosmarinnadeln
12 Salbeiblätter · Pfeffer
Und: Öl für das Backblech

Zubereitungszeit: 40 Min. (+ 1 1/4 Std. Gehzeit + 15 Min. Backzeit)
Pro Stück etwa: 602 kJ / 144 kcal
4 g EW / 4 g F/ 25 g KH

Gelingt leicht

Schinkenhörnchen mit Pinienkernen

Zutaten für 16 Stück:

Für den Teig:
250 g Magerquark
400 g Weizenmehl, Type 405
2 TL Backpulver
250 g kalte Butter · Salz

Für die Füllung:
50 g Pinienkerne
2 Frühlingszwiebeln
1/2 Bund Basilikum
200 g gekochter Schinken im Stück
3 EL saure Sahne
Salz · Pfeffer

Und: Mehl zum Arbeiten
Butter für die Backbleche
1 Eigelb und 4 EL Milch zum Bestreichen

Zubereitungszeit: 50 Min. (+ 15 Min. Kühlzeit + 1 Std. Backzeit)
Pro Stück etwa: 1108 kJ / 265 kcal
8 g EW / 18 g F / 20 g KH

Gelingt leicht

1 Den Quark in einem Sieb gut abtropfen lassen. Das Mehl mit dem Backpulver mischen, mit der Butter in Stückchen, 1 Prise Salz und dem Quark vermengen. Dann den bröseligen Teig rasch mit kalten Händen gut verkneten, bis er glatt und geschmeidig ist. Zugedeckt 15 Min. kühl stellen.

2 Die Pinienkerne in einer trockenen Pfanne unter ständigem Wenden hellbraun rösten, abkühlen lassen. Die Frühlingszwiebeln putzen und samt Grün in sehr feine Ringe schneiden. Basilikum waschen und in Streifen, den Schinken in sehr kleine Würfel schneiden. Alle vorbereiteten Zutaten mischen, mit der sauren Sahne verrühren, salzen und pfeffern.

3 Den Backofen auf 200° (Umluft 180°) vorheizen. Den Teig auf der bemehlten Arbeitsfläche zu zwei Kreisen von 36 cm Durchmesser ausrollen. Die Kreise in 8 Stücke schneiden. Jeweils ein Häufchen der Füllung auf die Mitte der Dreiecke setzen. Die Dreiecke zur Spitze hin aufrollen, zu Hörnchen biegen.

4 Zwei Backbleche einfetten, die Hörnchen darauf verteilen. Das Eigelb mit etwas Wasser verquirlen und die Hörnchen damit bepinseln. Die erste Portion im Ofen (Mitte) in 25–30 Min. goldbraun backen. Mit der zweiten Portion genauso verfahren.

Das besondere Rezept !

Dieses feine Gebäck mit seinem zart nussigen Geschmack nach Pinienkernen gelingt leicht und ist ein beliebter Snack. Die Hörnchen lassen sich für eine Einladung am Abend auch gut vorbereiten, da sie kalt genauso köstlich schmecken wie lauwarm. Servieren Sie sie Ihren Gästen am besten mit einem gut gekühlten leichten Weißwein.

Griechische Mini-Pitta

Zutaten für 6 Stück:

- 500 g Weizen
- 1 Würfel Hefe (42 g)
- 300 ml Wasser
- 1 EL Meersalz
- 1 TL Honig
- 4 EL kaltgepreßtes Olivenöl
- Und: Mehl zum Arbeiten
- Backpapier für den Rost
- Meersalz, Pfeffer und Oregano zum Bestreuen

Zubereitungszeit: 30 Min. (+ 2 1/2 Std. Gehzeit + 20 Min. Backzeit)
Pro Stück etwa: 1439 kJ / 344 kcal
11 g EW / 7 g F/ 66 g KH

Frisch am besten

1 Den Weizen mehlfein mahlen. Die Hefe in 2 EL lauwarmem Wasser auflösen und in einer Rührschüssel mit dem Wasser, Salz, Honig und Mehl verkneten. Den Teig zugedeckt bei Zimmertemperatur 1 Std. gehen lassen.

2 Den Teig zusammenkneten, 3 EL Öl unterarbeiten und nochmals kurz durchkneten, damit der Teig eine gleichmäßige Porenbildung erhält. Den Teig in 6 gleich große Portionen teilen. Jedes Teigstück zu einer Kugel formen, diese zugedeckt 1 Std. gehen lassen.

3 Die Kugeln auf der bemehlten Arbeitsfläche zu etwa 1/2 cm dicken Fladen ausrollen. Die Fladen zugedeckt 30 Min. gehen lassen.

4 Den Backofen rechtzeitig auf 250° (Umluft 220°) vorheizen. Die Pittabrote mit Wasser bestreichen und auf einen mit Backpapier belegten Gitterrost legen. Dann im Ofen (Mitte) 20 Min. backen, dabei einmal wenden. Herausnehmen, mit Öl bepinseln, mit Salz, Pfeffer und Oregano bestreuen und heiß servieren.

Paßt gut zu griechischen Menüs und zu herzhaften Salaten. Für ein schnelles Brunch aufgewärmt mit griechischem Bauernsalat füllen.

Tips: Wenn Sie die Fladenbrote später servieren möchten, dann lassen Sie sie unbestrichen und ungewürzt auskühlen und würzen sie erst beim Aufbacken.

Die Pittabrote nach dem Auskühlen in Frischhaltefolie aufbewahren und vor dem Gebrauch in einer geölten Pfanne aufbacken. Mini-Pittabrote lassen sich auch gut im Toaster aufwärmen.

Zutaten für 14 runde Brote:

1 kg Weizenmehl, Type 550
1 EL Salz
2 Würfel Hefe (je 42 g)
700 ml lauwarmes Wasser
1 EL schwarzer Kümmel (aus dem türkischen Lebensmittelgeschäft)
Und: Mehl zum Arbeiten
Backpapier für die Backbleche
100 g Weizenschrot zum Arbeiten

Zubereitungszeit: 45 Min. (+ 1 3/4 Std. Gehzeit + 30 Min. Backzeit)
Pro Brot etwa: 1159 kJ / 277 kcal
13 g EW / 2 g F / 59 g KH

Frisch am besten

Arabisches Fladenbrot

1 Das Mehl in eine Schüssel sieben, mit Salz vermischen und eine Mulde hineindrücken. Hefe mit einem Schneebesen im lauwarmen Wasser auflösen, in die Mulde gießen und mit Mehl vom Rand bestreuen. Zugedeckt 10 Min. an einem warmen Ort gehen lassen.

2 Dann alles zu einem glatten Teig verkneten. Zugedeckt an einem warmen Ort 40 Min. gehen lassen. Den Kümmel im Blitzhacker fein zerkleinern, dann zum Teig geben und auf der leicht bemehlten Arbeitsfläche mit den Händen 10 Min. kräftig kneten und schlagen. Zugedeckt weitere 40 Min. gehen lassen, bis sich das Teigvolumen verdoppelt hat.

3 Den Teig nochmals kräftig kneten und in 14 gleich große Portionen teilen. Jedes Teigstück einzeln auf der mit Weizenschrot bestreuten Arbeitsfläche zu einem Fladen von 14 cm Durchmesser ausrollen.

4 Die Fladen auf zwei mit Backpapier belegte Bleche legen und zugedeckt 15 Min. gehen lassen. Inzwischen den Backofen auf 250° (Umluft 220°) vorheizen. Eine feuerfeste Schale mit kochend heißem Wasser hineinstellen. Die Fladen nacheinander im Ofen (Mitte) in 10–15 Min. goldgelb backen. Auf einem Kuchengitter auskühlen lassen.

Info: Die Fladen bilden beim Backen große Luftblasen, die auch nach dem Abkühlen weiter bestehen. Dadurch eignen sich diese Brote gut zum Füllen, z. B. mit kleinen, scharf gewürzten Frikadellen oder den arabischen Falafel, fritierten Kichererbsenbällchen. Bei Tisch werden die Brote als Beilage zu Fleisch- oder Fischragouts serviert.

Zutaten für 16 Fladenbrote:

200 g Weizen
200 g Weizenmehl, Type 405
2 TL Meersalz
300 ml lauwarmes Wasser
2 EL kaltgepreßtes Sonnenblumenöl
Und: Mehl zum Arbeiten

Zubereitungszeit: 1 1/2 Std. (+ 40 Min. Ruhezeit)
Pro Fladen etwa: 385 kJ / 92 kcal
3 g EW / 1 g F / 18 g KH

Für Gäste

Indische Chapattis

1 Den Weizen mehlfein mahlen und in einer Rührschüssel mit dem hellen Mehl und Salz vermischen. Eine Mulde hineindrücken und nun von der Mitte her mit der Hand löffelweise so viel lauwarmes Wasser unterkneten, bis ein weicher, geschmeidiger Teig entsteht. Das Öl unterkneten. Den Teig zugedeckt an einem warmen Ort 40 Min. ruhen lassen.

2 Aus dem Teig etwa 16 pflaumengroße Bällchen formen und jedes auf der bemehlten Arbeitsfläche zu einem Fladen von 18 cm Durchmesser ausrollen. Den Backofen auf 50° (Umluft 40°) vorheizen. Eine schwere Pfanne von etwa 20 cm Durchmesser bei mittlerer Hitze heiß werden lassen.

3 Die Fladen ohne Fett darin je Seite 1–1 1/2 Min. unter Rütteln backen, bis sie gut braun sind. Die Fladen im Backofen in ein Tuch gehüllt warm halten, bis alle gebacken sind.

Die Chapattis heiß zu indischen oder zu vegetarischen Gerichten servieren.

Tip: Wenn Sie die Gelegenheit haben, in einem Geschäft für orientalische Spezialitäten indische Zutaten zu kaufen, dann kaufen Sie sich »Ghee«, indische geklärte Butter, und bestreichen Sie die Chapattis vor dem Essen damit.

Buchweizenblinis

Zutaten für 18 Stück:

1/2 Würfel Hefe (21 g)
1 Prise Zucker
1/4 l lauwarme Milch
2 Eier
150 g Weizen-Vollkornmehl
150 g feingemahlener Buchweizen
1 TL Meersalz
Und: 10 EL Butterschmalz zum Braten

Zubereitungszeit: 30 Min. (+ 1 Std. Gehzeit + 1 Std. Bratzeit)
Pro Stück etwa: 418 kJ / 100 kcal
4 g EW / 4 g F / 13 g KH

Vollwertig

1 Die Hefe in einer Tasse zerbröckeln, mit dem Zucker bestreuen und mit 3 EL lauwarmer Milch verrühren, dann zugedeckt an einem warmen Ort 15 Min. gehen lassen.

2 Den Backofen auf 50° (Umluft 40°) vorheizen. Die Eier trennen. Das Weizen- und das Buchweizenmehl mit den Eigelben, dem Salz und der übrigen lauwarmen Milch verrühren. Die Hefe daruntermischen. Den Teig gut verrühren und an einem warmen Ort 45 Min. zugedeckt gehen lassen, bis sich sein Volumen fast verdoppelt hat.

3 Die Eiweiße steif schlagen und unter den Hefeteig ziehen. In einer großen Pfanne jeweils 2 EL Butterschmalz erhitzen und eßlöffelweise den Teig hineingeben. Jeweils 4 Blinis von je 2–2,5 cm Dicke bei mittlerer Hitze in 10 Min. goldbraun braten, dabei einmal wenden. Die Blinis auf eine feuerfeste Servierplatte legen und im Backofen warm halten, bis alle Blinis gebraten sind.

Tips: Blinis können als Vorspeise für 9 Personen serviert werden oder als leichte Mahlzeit mit frischem Blattsalat für 4–6 Personen.

Die warmen Blinis schmecken köstlich mit je 1 Klecks Kräuter-Crème fraîche und Keta-Kaviar bedeckt und mit Dillspitzen garniert. Wer Kaviar nicht mag, gibt stattdessen je 1 dünne Scheibe geräucherten Lachs auf die Blinis.

Dazu paßt am besten ein gut gekühlter Prosecco.

Zutaten für 12 Stück:

- 150 g Weizen
- 150 g feines Maismehl (aus dem Reformhaus)
- 1/2–1 TL Meersalz
- 2 TL Backpulver
- 1/2 TL Paprikapulver, rosenscharf
- 1 TL Kräuter der Provence
- 125 g geriebener Cheddar oder Parmesan
- 300 ml Buttermilch
- 1 Ei
- 5 EL kaltgepreßtes Sonnenblumenöl
- Und: Butter und Grahambrösel für 12 Papierförmchen von etwa 5 cm ø oder für 1 Muffinblech

Zubereitungszeit: 30 Min. (+ 20 Min. Backzeit)
Pro Stück etwa: 719 kJ / 172 kcal
6 g EW / 8 g F / 21 g KH

Schnell

Pikante Muffins mit Käse

1 Den Weizen mehlfein mahlen. Den Backofen auf 200° (Umluft 180°) vorheizen. Den Weizen in einer Schüssel nach dem Mahlen auskühlen lassen. Dann mit dem Maismehl, Salz, Backpulver, Paprikapulver und den Kräutern der Provence vermischen. Den Käse unterrühren. In einer Rührschüssel Buttermilch, Ei und Öl verrühren. Dann die trockenen Zutaten unterrühren.

2 Das Muffinblech oder die Förmchen mit Butter einfetten und mit Grahambröseln ausstreuen. Den Teig auf Förmchen oder auf das Blech verteilen.

3 Die Muffins im Ofen (Mitte) 20 Min. backen. Wenn die Muffins oben gebräunt sind, mit einem Holzstäbchen die Garprobe machen. Die Muffins sind fertig, wenn das hineingeführte Holzstäbchen beim Herausziehen trocken bleibt. Die Muffins in den Förmchen oder im Blech 5 Min. abkühlen lassen, dann herauslösen und zum Auskühlen auf ein Kuchengitter setzen.

Herzhafte Muffins passen gut zum Brunch oder zu Suppen und vegetarischen Eintöpfen.

Variante:
Muffins mit Frühlingszwiebeln

Statt Buttermilch Milch verwenden. Außerdem den Käse weglassen und dafür 2 gehackte Frühlingszwiebeln und 2 kleingeschnittene sonnengetrocknete Tomaten mit den trockenen Zutaten unter den Teig mischen. Dann fortfahren wie beschrieben.

Zutaten für 20 Stück:
Für die Füllung:
700 g mehligkochende Kartoffeln
Salz
1/4 l Milch
1 Ei
20 g Butter
Für den Teig:
300 g Roggenmehl, Type 1370
200 g Weizenmehl, Type 1050
1 1/2 TL Salz
300 ml Wasser
Für den Belag:
3 hartgekochte Eier
1 Bund glatte Petersilie
125 g weiche Butter
Salz · Pfeffer
Und: Weizenmehl zum Arbeiten
Öl für die Backbleche
100 ml Milch und 50 g Butter zum Besteichen

Zubereitungszeit: 1 1/2 Std.
(+ 24 Min. Backzeit)
Pro Stück etwa:
853 kJ / 204 kcal
5 g EW / 10 g F/ 25g KH

Für Gäste

Kartoffel-Täschchen

1 Für die Füllung die Kartoffeln schälen, vierteln und mit Salzwasser bedeckt 15 Min. garen. In ein Sieb abgießen, das Wasser dabei auffangen. Die Kartoffeln in den Topf zurückgeben. Milch, Ei, Butter und 1 Prise Salz hinzufügen, mit dem Kartoffelstampfer zu einem geschmeidigen Püree verarbeiten, das Kartoffelwasser nach Bedarf hinzufügen.

2 Für den Teig die beiden Mehlsorten mit Salz in einer Schüssel vermischen, das Wasser unterarbeiten, so daß ein formbarer Teig entsteht. Diesen zu einer Rolle formen und in 20 gleich große Stücke schneiden. Mehl auf die Arbeitsfläche streuen. Aus jedem Stück mit bemehlten Händen ovale Fladen von 16 cm Länge und 10 cm Breite formen. Arbeitsfläche und Hände immer wieder einmehlen.

3 Den Ofen auf 250° (Umluft 220°) vorheizen. Zwei Backbleche einfetten. Auf jeden Fladen 2–3 EL Püree verstreichen. Die Fladen einmal zusammenklappen, die Ränder andrücken. Dann mit Daumen und Zeigefinger in etwa 1/2 cm Abstand den Teig zusammendrücken, so daß im Halbrund kleine Spitzen entstehen. Die Täschchen auf die Bleche legen und im Ofen (Mitte) portionsweise in 10–12 Min. hellbraun backen.

4 Milch und Butter erhitzen. Kartoffel-Täschchen sofort nach dem Backen auf beiden Seiten damit einpinseln. In eine Schüssel legen und mit einem Tuch bedecken, damit sie weich werden.

5 Die Eier pellen und fein hacken. Die Petersilie waschen, fein hacken und mit den Eiern, Butter, Salz und Pfeffer vermischen. Bei Tisch gibt sich jeder etwas von der Eibutter auf seine Täschchen.

REZEPTE MIT BROT

Zutaten für 4 Personen:
200 g Hühnerleber
75 g Schalotten
2 Stangen Staudensellerie mit Grün
3 EL Olivenöl
75 ml trockener Weißwein oder Hühnerbrühe
Salz
Pfeffer
2 EL kleine Kapern
75 ml Hühnerbrühe
8 kleine Scheiben italienisches Weißbrot oder Bauernbrot

Zubereitungszeit: 30 Min.
Pro Stück etwa: 948 kJ / 227 kcal
13 g EW / 8 g F / 20 g KH

Gelingt leicht

Crostini

1 Die Hühnerleber waschen, abtrocknen und grob würfeln. Die Schalotten schälen und fein würfeln. Den Sellerie waschen, das zarte Grün beiseite legen, die Stangen hacken.

2 In einer Pfanne 2 EL Olivenöl bei mittlerer Hitze heiß werden lassen, die Gemüsewürfel darin leicht anbraten. Die Leberstücke kurz mit anbraten, dann den Wein oder die Brühe dazugießen und die Flüssigkeit bei mittlerer Hitze einkochen lassen.

3 Die Mischung mit Salz, Pfeffer und den Kapern würzen und 10 Min. unter Rühren köcheln lassen. Dabei nach und nach die Hühnerbrühe darüber träufeln und wieder verkochen lassen.

4 Die Mischung pürieren und zusätzlich durch ein feines Sieb streichen. Anschließend die Leberfarce pikant abschmecken. Das restliche Öl in einer Pfanne erhitzen, die Brotscheiben darin von beiden Seiten rösten. Die Lebercreme auf die Brotscheiben streichen. Crostini mit Selleriegrün garniert sofort servieren.

Variante
Bruschetta

Für diese Spezialität gibt es viele verschiedene Rezepte. Hier ein leckeres, unkompliziertes Beispiel: 4 reife Tomaten überbrühen, häuten, halbieren, vom Stielansatz befreien und entkernen. Das Fruchtfleisch grob zerkleinern und in einem Sieb abtropfen lassen. 8 kleine Brotscheiben in einer Pfanne in wenig Olivenöl von beiden Seiten goldbraun rösten, dann mit 2–3 durchgepreßten Knoblauchzehen bestreichen. Die Tomaten daraufgeben und mit Salz und Pfeffer würzen.

Toskanischer Brotsalat

Zutaten für 4 Personen:

1/2 Bund Basilikum
1 Bund Petersilie
2 Knoblauchzehen
1 rote Zwiebel
2 EL Zitronensaft
1 EL Kapern
Meersalz
Pfeffer
1/4 TL mittelscharfer Senf
5 EL kaltgepreßtes Olivenöl
12 Scheiben altbackenes Vollkorn-Baguette
3 Tomaten
1/2 Salatgurke
1 Stange Staudensellerie
1/2 Römischer Salat
1/2 Batavia-Salat

Zubereitungszeit: 30 Min.
Pro Portion etwa:
1472 kJ / 352 kcal
16 g EW / 16 g F / 43 g KH

Schnell

1 Den Backofen auf 200° (Umluft 180°) vorheizen. Den Basilikum und die Petersilie waschen und die Blättchen kleinschneiden. Den Knoblauch und die Zwiebel schälen. Eine Knoblauchzehe beiseite legen. Die zweite Knoblauchzehe zusammen mit der Zwiebel kleinschneiden und mit Basilikum, Petersilie, Zitronensaft, Kapern, Salz, Pfeffer, Senf und 4 EL Öl vermischen. Mit dem Pürierstab zu einer Kräutersauce fein pürieren.

2 Die Brotscheiben in etwa 1 1/2 cm dicke Würfel schneiden, auf ein Backblech legen und im Ofen (Mitte) 6 Min. backen. Dann aus dem Ofen nehmen und beiseite stellen.

3 Die Tomaten, die Salatgurke und den Staudensellerie waschen. Die Tomaten vom Stielansatz befreien und in etwa 1 1/2 cm große Würfel schneiden. Die Salatgurke schälen und auch in 1 1/2 cm große Würfel schneiden. Den Sellerie in dünne Scheibchen schneiden. Das Gemüse unter die Kräutersauce mischen. Den Römischen Salat und den Batavia-Salat in Blätter teilen, waschen und trockenschleudern.

4 Den beiseite gelegten Knoblauch pressen und mit dem restlichen Öl in einer Pfanne erhitzen. Die Röstbrotwürfelchen hineingeben und unter Schütteln nochmal 1/2 Min. rösten. Die Brotwürfel salzen und pfeffern und aus der Pfanne nehmen. Die Salatblätter in mundgerechte Stücke zerpflücken, unter die Kräuter-Gemüse-Sauce heben und die heißen Brotwürfel obenauf geben.

Als Mittagessen im Hochsommer ist der Salat ein besonderer Genuß.

Zutaten für 8 Stück:

Für die Geflügelfrikadellen:
500 g Putenschnitzel
1 Stück eingelegter Ingwer (2 cm)
1/2 TL Salz
1 TL Currypulver
1 Prise Cayennepfeffer
1 Ei
6 EL Vollkornsemmelbrösel
2 EL Sesamöl
Und: 8 Vollkornbrötchen
3 hartgekochte Eier
1 Fleischtomate
3 Frühlingszwiebeln
einige schöne Salatblätter (Lollo rosso oder Kopfsalat)
8 Scheiben junger Gouda
60 g Salatmayonnaise
Salz
Pfeffer
4 TL mittelscharfer Senf

Zubereitungszeit: 50 Min.
Pro Stück etwa:
1343 kJ / 321 kcal
22 g EW / 16 g F / 22 g KH

Gelingt leicht

Vollkorn-Burger

1 Das Putenfleisch in Würfel schneiden und im Blitzhacker zerkleinern. Den Ingwer sehr klein schneiden. Beides mit dem Salz, Curry, Cayennepfeffer, dem Ei und den Semmelbröseln in einer Schüssel vermischen. Aus dem Teig mit nassen Händen 8 Frikadellen formen und diese bei mittlerer Hitze im heißen Öl von beiden Seiten in jeweils 4 Min. goldbraun braten. Kurz beiseite stellen.

2 Die Brötchen durchschneiden. Eier schälen, Tomate waschen und vom Stielansatz befreien. Beide in Scheiben schneiden. Frühlingszwiebeln waschen, putzen und in dünne Ringe schneiden. Salatblätter waschen, trockenschleudern, zerzupfen. Die Käsescheiben halbieren.

3 Die unteren Teile der Brötchen mit Mayonnaise bestreichen. Salat darauf verteilen, salzen und pfeffern. Je 1 Scheibe Käse und 1 Frikadelle darauf legen. 1 Tupfen Senf, Tomaten- und Eierscheiben und Zwiebelringe darüber verteilen. Die Brötchendeckel darauf setzen.

Französisches Pan bagnat

Zutaten für 4 Personen:

4 EL kaltgepreßtes Olivenöl
2 EL Aceto Balsamico
Meersalz
Pfeffer
1 Knoblauchzehe
4 Baguette-Brötchen
80 g Sahne
300 g Putenschnitzel
2 rote Paprikaschoten
1/2 TL Tandoori-Gewürz (indische Gewürzmischung)
150 g Rucola
30 g mittelscharfer Senf

Zubereitungszeit: 30 Min.
Pro Portion etwa:
1485 kJ / 355 kcal
20 g EW / 19 g F / 26 g KH

Gelingt leicht

1 In einer Schüssel 3 EL Öl mit Essig, Salz und Pfeffer vermischen. Den Knoblauch schälen, dazupressen und unterrühren. Jedes Brötchen so durchschneiden, daß die untere Hälfte dicker ist. Diese Hälfte aushöhlen. Alle Brothälften mit der Vinaigrette bestreichen und zusammenklappen. Den Backofen auf 200° (Umluft 180°) vorheizen.

2 Die Sahne steif schlagen und beiseite stellen. Die Schnitzel in etwa 2 cm dicke Streifen schneiden. Die Paprika waschen, putzen und in 1/2 cm dicke Streifen schneiden. Das restliche Öl in zwei Pfannen bei mittlerer Hitze heiß werden lassen. In der einen Pfanne die Paprikastreifen unter Wenden 8 Min. bei schwacher Hitze dünsten, salzen und pfeffern. In der anderen Pfanne das Geschnetzelte je Seite 4 Min. bräunen und mit Tandoori-Gewürz, Salz und Pfeffer würzen. Die Brötchen auf den Rost im vorgeheizten Ofen (Mitte) 5 Min. backen.

3 Den Rucola verlesen, waschen und trockenschleudern. Die Brötchen aus dem Ofen holen, die unteren Hälften mit Rucola, Paprika und dem Geschnetzelten belegen. Die oberen Hälften der Brötchen schräg darauf setzen. Sahne mit Senf vermischen und dazu reichen.

Das besondere Rezept !

Diese köstlichen Sandwiches gelingen ganz leicht, sind recht schnell zubereitet und voll im Trend: Die englischen »Doppeldecker« werden auch bei uns immer beliebter. Wie wäre es, einmal Freunde und Familie statt zu Kaffee und Kuchen zum klassischen Afternoon Tea einzuladen? Zum schwarzen Tee mit Milch oder Sahne gibt es die herzhaften englischen Häppchen. Natürlich passen Sie als kleines Mittag- oder Abendessen für 4 Personen genauso gut, oder Sie nehmen sie sich als Lunch ins Büro mit.

Zutaten für 16 Stück:

Für die Thunfischcreme:
1 Dose Thunfisch im eigenen Saft (150 g)
3 EL weiche Butter
Salz
weißer Pfeffer
1–2 EL Zitronensaft
3 EL Kapern
Für die Schinkencreme:
1/2 Bund glatte Petersilie
100 g gekochter Schinken
100 g Doppelrahm-Frischkäse
Pfeffer
2 TL Sherry oder Portwein nach Belieben
Und: 16 dünne Scheiben Kastenweißbrot (etwa 350 g)
40 g weiche Butter
einige Blätter Eisbergsalat
100 g Salatgurke
2 kleine feste Tomaten

Zubereitungszeit: 45 Min.
Pro Stück etwa: 607 kJ / 145 kcal
6 g EW / 8 g F / 12 g KH

Gelingt leicht

Englische Sandwich-Variationen

1 Für die Thunfischcreme den Thunfisch abtropfen lassen und zusammen mit der Butter pürieren. Mit Salz, Pfeffer und dem Zitronensaft abschmecken. Die Kapern hacken und unter die Creme rühren.

2 Für die Schinkencreme die Petersilie waschen und hacken. Den Schinken würfeln und zusammen mit dem Frischkäse pürieren. Die Petersilie unterrühren und die Creme mit Pfeffer und nach Belieben mit Sherry oder Portwein abschmecken.

3 Weißbrotscheiben entrinden, mit Butter bestreichen. Eisbergsalat waschen, trockenschleudern und in Stücke zupfen. Gurke und Tomaten waschen. Gurke in dünne Scheiben schneiden, die Tomaten vom Stielansatz befreien und ebenfalls in dünne Scheiben schneiden.

4 Die Hälfte der Weißbrotscheiben mit Salatblättern, Gurkenscheiben und Tomaten belegen. Von den übrigen Weißbrotscheiben die Hälfte mit Thunfischcreme und die andere Hälfte mit Schinkencreme bestreichen. Jeweils eine mit Creme bestrichene Scheibe auf eine mit Salat belegte Scheibe legen und die Scheiben diagonal durchschneiden.

Variante
Sandwiches mit Eiercreme

Für 8 Sandwiches 3 hartgekochte Eier pellen und feinhacken. Mit 2 EL Mayonnaise, 1 TL mittelscharfem Senf, 2 EL Schnittlauchröllchen, Salz und Pfeffer verrühren. 4 Weißbrotscheiben mit Butter, dann mit der Eiercreme bestreichen. Die restlichen 4 Brotscheiben darauflegen und die Sandwiches diagonal halbieren.

Zutaten für 4 Personen:

1 rote Zwiebel
1 Knoblauchzehe
6 reife Strauchtomaten (oder 1 kleine Dose Tomaten)
1 grüne Paprikaschote
80 g Kürbis (ersatzweise 1 mittelgroße Möhre)
1 Stange Staudensellerie
3 EL kaltgepreßtes Olivenöl
Meersalz
Pfeffer
1 Prise Cayennepfeffer
1 Zweig Thymian
1/2 Bund Petersilie
1/2 Bund Basilikum
150 g altbackenes Bauernbrot
1 l Gemüsebrühe

Zubereitungszeit: 30 Min. (+ 20 Min. Garzeit)
Pro Portion etwa: 1761 kJ / 421 kcal
14 g EW / 12 g F / 68 g KH

Gelingt leicht

Italienische Brotsuppe

1 Die Zwiebel und die Knoblauchzehe schälen und in kleine Würfel schneiden. Die Gemüse waschen. Die Tomaten vom Stielansatz befreien und in kleine Würfel schneiden. Die Paprikaschote quer halbieren, putzen und in kurze, dünne Streifen schneiden. Den Kürbis schälen und ebenfalls in kleine Würfel schneiden. Den Staudensellerie längs halbieren und quer in dünne Scheibchen schneiden.

2 Das Olivenöl in einem Topf bei mittlerer Hitze heiß werden lassen und Zwiebel, Knoblauch, Paprikaschote und Sellerie darin unter Wenden 5 Min. dünsten. Den Kürbis die letzten 3 Min. mitdünsten. Die Tomaten untermischen und das Gemüse mit Salz, Pfeffer und Cayennepfeffer würzen. Den Thymian waschen und in den Topf legen. Alles zugedeckt 10 Min. garen.

3 Petersilie und Basilikum waschen. Vom Basilikum einige zarte Blätter aus den Zweigspitzen für die Garnierung zurückbehalten. Alles übrige der beiden Kräuter – die Stiele inbegriffen – sehr fein schneiden. Das Brot in etwa 1 1/2 cm dicke Würfel schneiden.

4 Den Thymianzweig aus dem Gemüse fischen. Petersilie, Basilikum und Brot vorsichtig unterrühren und mit der Gemüsebrühe aufgießen. Die Suppe aufkochen lassen und 10 Min. zugedeckt bei schwacher Hitze garen. Ab und zu vorsichtig umrühren, damit die Suppe nicht ansetzt und anbrennt. Die Suppe nochmals mit Salz und Pfeffer abschmecken. Je nach Geschmack und Jahreszeit kann die Suppe heiß oder kalt – mit den Basilikumblättchen dekoriert – serviert werden.

Mexikanischer Broteintopf

Zutaten für 6 Personen:

5 kleine festkochende Kartoffeln
5 Tomaten
3/4 l Hühnerbrühe
Pfeffer
je 1 Msp. Zimt-, Nelken- und Safranpulver
1/2 TL getrockneter Thymian
1/2 TL Zucker
Salz
50 g Rosinen
50 g geschälte Mandeln
3 Zucchini
2 weiße Zwiebeln
2 reife Kochbananen
50 g Schweineschmalz
1 TL Paprikapulver, edelsüß
16 Scheiben Stangenweißbrot (etwa 2 cm dick)
Und: 1 EL Schmalz für die Form
4 hartgekochte Eier zum Garnieren

Zubereitungszeit: 40 Min. (+ 30 Min. Backzeit)
Pro Portion etwa: 2040 kJ / 488 kcal
19 g EW / 19 g F / 63 g KH

Gelingt leicht

1 Die Kartoffeln knapp mit Wasser bedeckt 15 Min. garen. Inzwischen die Tomaten waschen, 2 in Scheiben und 2 in Würfel schneiden, dabei die Stielansätze entfernen. Tomatenwürfel in die Hühnerbrühe geben, mit Pfeffer, Zimt-, Nelken- und Safranpulver, Thymian, Zucker und Salz würzen und 20 Min. bei schwacher Hitze sanft köcheln lassen. Die Rosinen und Mandeln einweichen.

2 Inzwischen die Zucchini waschen, putzen und in 1 cm dicke Scheiben schneiden. Die Zwiebeln schälen und in Ringe schneiden. Die Bananen schälen und in Scheiben schneiden. Das Schmalz in der Pfanne bei mittlerer Hitze heiß werden lassen und die Zwiebeln darin glasig braten. Mit Paprikapulver würzen und aus der Pfanne nehmen. Zucchini, Tomaten- und Bananenscheiben nacheinander 1 Min. im restlichen Schmalz anbraten, aus der Pfanne nehmen und beiseite stellen.

3 Kartoffeln abgießen, pellen und in Scheiben schneiden. Backofen auf 200° vorheizen. Eine Auflaufform mit Schmalz einfetten und die Hälfte der Brotscheiben hineinlegen. Mandeln und Rosinen abgießen und abtropfen lassen. Die Hälfte des Gemüses, der Mandeln und Rosinen auf die Brotscheiben geben, mit den restlichen Brotscheiben, dem übrigen Gemüse, Mandeln und Rosinen belegen. Die Bananenscheiben darauf verteilen.

4 Die Brühe darüber gießen und den Auflauf im Backofen (Mitte, Umluft 180°) 30 Min. backen. Die Eier pellen und in Scheiben schneiden. Den Auflauf mit den Eierscheiben garniert servieren.

Tip: Sie können den Eintopf auch auf 6 kleine Auflaufförmchen verteilen (siehe Foto). Die Garzeit beträgt dann nur 20 Min.

Zutaten für 4 Personen:

Für die Knödel:
- 10 altbackene Semmeln (Brötchen)
- 1 TL Salz
- 3/8 l Milch
- 1 kleine Zwiebel
- 1/2 Bund Petersilie
- 3 Eier
- 1 Prise frisch geriebene Muskatnuß

Für das Champignonragout:
- 2 Schalotten
- 800 g Champignons
- 30 g Butter
- 1/2 TL Salz
- 1 Prise weißer Pfeffer
- 1/8 l Hühnerbrühe
- 1 EL Mehl
- 200 g Sahne
- 1 EL Zitronensaft
- 1/2 Bund Petersilie

Zubereitungszeit: 1 Std.
Pro Portion etwa:
2589 kJ / 619 kcal
24 g EW / 32g F / 65 g KH

Gelingt leicht

Semmelknödel mit Champignons

1 Die Semmeln in sehr dünne Scheiben schneiden und in einer großen Schüssel mit dem Salz bestreuen. Die Milch erhitzen und darüber gießen. Die Semmeln zugedeckt 15 Min. durchziehen lassen.

2 Die Zwiebel schälen und sehr klein würfeln. Die Petersilie waschen, die Blättchen fein hacken. Beides mit den Eiern und dem Muskat zu den Semmeln geben. Den Teig verkneten und mit nassen Händen 8 Knödel daraus formen.

3 In einem weiten Topf reichlich Salzwasser zum Kochen bringen. Die Knödel in das sprudelnd kochende Wasser legen, einmal aufkochen lassen. Den Topf rütteln, damit die Knödel an die Oberfläche steigen. Die Hitze reduzieren und die Knödel in leicht siedendem Wasser in 20 Min. gar ziehen lassen.

4 Für das Pilzragout die Schalotten schälen und klein würfeln. Die Champignons mit Küchenpapier abreiben, putzen und in Scheiben schneiden. Die Butter in einer Pfanne erhitzen, Schalottenwürfel darin glasig braten. Champignons hinzufügen, mit Salz, Pfeffer und Muskat würzen und 3 Min. bei starker Hitze unter Wenden braten.

5 Die Hühnerbrühe angießen. Das Mehl mit der Sahne glattrühren, zu den Champignons gießen. Das Ragout unter Rühren 5 Min. bei mittlerer Hitze köcheln lassen, mit Salz, Pfeffer und Zitronensaft abschmecken. Die Petersilie waschen, kleinschneiden und vor dem Servieren über das Pilzragout streuen. Die Knödel mit dem Pilzragout servieren.

Tip: Sollte sich der Knödelteig zu weich anfühlen, 1–2 EL Semmelbrösel oder Mehl untermischen. Am besten Sie legen vorsichtshalber vorab einen Probeknödel in das kräftig sprudelnde Salzwasser. Ist der Teig zu weich, zerfällt der Knödel im Wasser.

Brotbällchen mit Tomatensauce

Zutaten für 4 Personen:

400 g altbackenes Weißbrot
5 Eier
3 EL geriebener Pecorino oder Parmesan
3 Knoblauchzehen
1 Bund glatte Petersilie
Salz
Pfeffer
2 EL kaltgepreßtes Olivenöl
1 große Dose geschälte Tomaten (800 g)
3 EL Rotwein oder Gemüsebrühe
1/2 EL Zitronensaft
4 eingelegte, abgetropfte Artischockenherzen
1/2 Bund Basilikum
Und: Olivenöl zum Ausbacken

Zubereitungszeit: 1 Std.
Pro Portion etwa:
2221 kJ / 531 kcal
25 g EW / 15 g F / 77 g KH

Gelingt leicht

1 Das Brot in Stücke schneiden, 5 Min. in warmem Wasser einweichen, ausdrücken und fein zerbröckeln. Die Eier verquirlen, das Brot und den Käse unterrühren. 1 Knoblauchzehe schälen, durchpressen und hinzufügen. Die Petersilie waschen, die Blättchen hacken und ebenfalls dazugeben.

2 Alles gut mit den Händen verkneten und mit Salz und Pfeffer abschmecken. Das Olivenöl zum Ausbacken in einer tiefen Pfanne erhitzen. Aus dem Teig walnußgroße Bällchen formen, im Öl in 8 Min. goldbraun ausbacken und warm halten. Den restlichen Knoblauch schälen und hacken. Die 2 EL Öl in einem Topf erhitzen und den Knoblauch darin glasig braten.

3 Die Tomaten samt Saft hinzufügen, zerkleinern und 5 Min. bei mittlerer Hitze offen kochen. Den Wein oder die Brühe dazugießen und die Sauce mit Salz, Pfeffer und Zitronensaft abschmecken. Artischockenherzen in Stückchen schneiden, Basilikum waschen und die Blättchen hacken. Beides unter die Sauce rühren, einmal aufkochen und zu den Brotbällchen servieren.

Tip: Was ißt man zu Brotbällchen, die aus Süditalien stammen? Natürlich frisches Brot zum Auftunken der köstlichen Sauce. Man kann aber auch eine Pasta dazu vorbereiten, vielleicht Orechiette, Öhrchennudeln, die die Sauce gut aufnehmen, oder auch Penne, Röhrennudeln.

Zutaten für 4–6 Personen:

Für das Kompott:
750 g Süßkirschen
1/2 unbehandelte Zitrone
70 g Zucker
3/8 l Rotwein oder Kirschsaft
1/2 Stange Zimt
2 TL Speisestärke
Für die armen Ritter:
6 altbackene Brötchen
200 g Pflaumenmus
3 Eier
3/8 l Milch
60 g Zucker
1 Päckchen Vanillezucker
1 Prise Salz
6 EL Mehl
Und: 100 g Butterschmalz zum Ausbacken
Zimtzucker zum Bestreuen

Zubereitungszeit: 1 Std. (+ 40 Min. Ausbackzeit)
Bei 6 Portionen pro Portion etwa: 1882 kJ / 450 kcal
10 g EW / 10 g F / 74 g KH

Gelingt leicht

Arme Ritter mit Kompott

1 Für das Kompott die Kirschen waschen, entstielen und entsteinen. Die halbe Zitrone heiß abwaschen. Die Kirschen mit dem Zucker, dem Wein oder Saft, der Zimtstange und 1 Stück Zitronenschale 5 Min. kochen lassen. Die Zitrone auspressen und die Speisestärke mit dem Saft anrühren. Die Stärke zu den Kirschen gießen und unter Rühren das Kompott damit andicken, noch 2 Min. köcheln, dann in eine Glasschale füllen und abkühlen lassen.

2 Für die armen Ritter die Brötchen in knapp 1 cm dicke Scheiben schneiden. Die Hälfte der Scheiben mit dem Pflaumenmus bestreichen und die restlichen Scheiben darauf drücken. Die Eier mit der Milch, dem Zucker, Vanillezucker und Salz verquirlen. Die doppelten Brötchen kurz durch die Eiermilch ziehen, so daß sie nur befeuchtet sind.

3 Das Mehl mit einem Schneebesen unter die übrige Eiermilch rühren, so daß ein dickflüssiger Teig entsteht. In einer weiten Pfanne das Schmalz erhitzen. Jeweils 3–4 doppelte Brötchenscheiben durch den Teig ziehen und etwas abtropfen lassen. Bei mittlerer Hitze im Schmalz in 4 Min. goldbraun backen, dabei einmal wenden. Die armen Ritter auf Küchenpapier entfetten und mit Zimtzucker bestreuen.

Tip: Außerhalb der Saison können Sie auch Kirschen aus dem Glas zu den armen Rittern servieren. Zwetschgenkompott schmeckt genauso gut dazu oder warme Vanillesauce und eine Tasse Kaffee.

Zutaten für 4 Personen:
Für den Auflauf:
600 säuerliche Äpfel
6 große Scheiben Weizenbrot (etwa 200 g)
70 g Rohrzucker
2 TL Zimtpulver
60 g Butter
1/8 l Molasse (dunkler Zuckersirup a.d. Reformhaus, ersatzweise 50 g Ahornsirup)
Für die Zimtsauce:
30 g Butter
50 g Rohrzucker
200 g Sahne
2 EL Rum nach Belieben
1 EL Zimtpulver
Und: Butter für die Form

Zubereitungszeit: 40 Min. (+ 45 Min. Backzeit)
Pro Portion etwa: 3121 kJ / 746 kcal
6 g EW / 33 g F / 108 g KH

Gelingt leicht

Betty Brown's Brotauflauf mit Zimtsauce

1 Die Äpfel waschen, schälen, halbieren, die Kerngehäuse, Stiel- und Blütenansätze entfernen. Die Hälften in dünne Scheiben schneiden. Das Brot toasten und in grobe Krumen brechen. Eine Auflaufform großzügig mit Butter einfetten. Den Backofen auf 180° vorheizen.

2 Den Boden der Form mit einer Lage Brotkrumen bedecken. Zucker und Zimt vermischen, 1/3 darüber streuen. Mit 20 g Butterflöckchen belegen. Darauf eine dichte Schicht Apfelscheiben legen und 1/3 Zucker, Zimt und Butterflöckchen. So fortfahren, bis Brot und Äpfel aufgebraucht sind. Die letzte Schicht sollten Brot, Zucker, Zimt und Butterflöckchen bilden.

3 Molasse mit 1/8 l Wasser verrühren und über das Gericht träufeln. Die Fettpfanne des Backofens halb mit kochendem Wasser füllen. Die Form mit dem Auflauf hineinsetzen und 45 Min. im Ofen (Mitte, Umluft 160°) backen.

4 Für die Zimtsauce 10 Min. vor Garzeitende des Auflaufs die Butter in einem kleinen Topf bei mittlerer Hitze schmelzen. Den Zucker unterrühren und leicht karamelisieren lassen. Den Topf beiseite ziehen. Die Sahne (Vorsicht, Spritzgefahr!) und nach Belieben Rum einrühren und alles 1 Min. kochen lassen. Den Zimt übersieben und unterrühren. Die Sauce zum Auflauf servieren.

Rezept- und Sachregister

A

Abkühlen (Küchentechnik) 26
Amaranth (Warenkunde) 17
Amerikanisches Hirsebrot 58
Anis
Anis (Warenkunde) 18
Dinkel-Gewürzbrot 49
Dinkel-Walnußbrot (Variante) 49
Fränkisches Bauernbrot 68
Gewürzbrot 71
Griechische Osterschleifen 110
Käsebrezeln 118
Kümmel-Korbbrot 48
Landbrot 64
Roggen-Zwiebel-Stange 70
Sauerteigbrötchen 115
Schwäbisches Kastenbrot 69
Sechskornbrot 66
Tiroler Roggenbrot 76
Arabisches Fladenbrot 123
Arme Ritter mit Kompott 138
Aufbacken (Küchentechnik) 27
Aufbewahren (Küchentechnik) 27
Auflauf: Betty Brown's Brotauflauf mit Zimtsauce 139
Auftauen (Küchentechnik) 27

B

Backen (Küchentechnik) 26
Backpulver
Backpulver (Küchentechnik) 28
Bananenbrot 96
Buntes Gemüsebrot
Kräuterbrot mit Parmesan 86
Muffins mit Frühlingszwiebeln (Variante) 126
Pikante Muffins mit Käse 126
Quarkbrötchen 102
Schinkenhörnchen mit Pinienkernen 121
Sechskornbrot 66
Weinsteinbackpulver (Küchentechnik) 28
Backzeit (Küchentechnik) 26
Bagels 110
Baguette
Französisches Baguette 32
Oliven-Baguette 79
Bananenbrot 96
Bauernbrot
Fränkisches Bauernbrot 68
Kräuter-Bauernbrot 42
Türkisches Bauernbrot 73
Bauernstange 70
Betty Brown's Brotauflauf mit Zimtsauce 139
Blinis: Buchweizenblinis 125
Brezen
Käse-Speck-Brezen (Variante) 118
Käsebrezen 118
Laugenbrezen 117
Brioches 100
Brot mit Sesampaste: Tahin-Brot 43
Brot- und Backkörbe (Küchentechnik) 25
Brote formen (Küchentechnik) 25
Brotbackmaschinen (Küchentechnik) 21
Brotbällchen mit Tomatensauce 137
Brötchen
Brötchen formen (Küchentechnik) 25
Grünkernbrötchen 113
Müslibrötchen 104
Party-Brötchen 109
Quarkbrötchen 102
Rosenbrötchen 106
Rosinenbrötchen 101
Sauerteigbrötchen 115
Broteintopf: Mexikanischer Broteintopf 135
Brotfehler (Küchentechnik) 28
Brotgewürz (Küchentechnik) 28
Brotsalat: Toskanischer Brotsalat 131
Brotsuppe: Italienische Brotsuppe 134
Buchweizen
Buchweizen (Warenkunde) 17
Buchweizenblinis 125
Schwedisches Buchweizenbrot 59
Buntes Gemüsebrot 83
Burger: Vollkorn-Burger 132
Buttermilch
Buttermilch (Küchentechnik) 28
Buttermilchzöpfchen 103

C

Champignons: Semmelknödel mit Champignons 136
Chapattis: Indische Chapattis 124
Chatschapuri 95
Crostini 130

D

Dattelbrot 96
Deutsches Hausbrot 39
Dinkel
Bananenbrot 96
Dinkel (Warenkunde) 16
Dinkel-Gewürzbrot 49
Dinkel-Walnuß-Brot (Variante) 49
Dinkel-Toastbrot 36
Französisches Walnußbrot 78
Kürbisbrot 84
Rosinenbrötchen 101
Schinken-»Rosen«-Brot 45
Dunst (Warenkunde) 15

E

Eintopf: Mexikanischer Broteintopf 135
Elektroherd (Küchentechnik) 26
Englische Sandwich-Variationen 133
Englisches Hausbrot 36

F

Feines Kastenweißbrot 33
Feinheitsgrad
Dunst (Warenkunde) 15
Feinheitsgrad (Warenkunde, Küchentechnik) 15, 28
Grieß (Warenkunde) 15
Schrot (Warenkunde) 15
Fenchel
Deutsches Hausbrot 39
Dinkel-Gewürzbrot 49
Fenchel (Warenkunde) 18
Gerstenbrot mit Fenchel 47
Gewürztes Mischbrot 38
Helles Sonnenblumenbrot 40
Krustenbrot aus dem Tontopf 65
Kümmel-Korbbrot 48
Landbrot 64
Roggen-Zwiebel-Stange 70
Sechskornbrot 66
Sizilianischer Gewürzfladen 57
Vintschgauer 114
Fett (Küchentechnik) 28
Finnische Gerstenfladen 91
Finnisches Loch- oder Ringbrot 75
Finnisches Malzbrot 55
Fladen
Finnische Gerstenfladen 91
Kartoffelfladen 82
Sizilianischer Gewürzfladen 57
Arabisches Fladenbrot 123
Türkisches Fladenbrot 56
Zwiebel-Fladenbrot 87
Flammenkuchen (Grundrezept) 24
Fränkisches Bauernbrot 68
Französisches Baguette 32
Französisches Haselnußbrot (Variante) 78
Französisches Landbrot 72
Französisches Pan bagnat 132
Französisches Walnußbrot 78
Frischhefe
Frischhefe (Warenkunde) 15

G

Garprobe (Küchentechnik) 26
Gefülltes Brot: Portugiesisches gefülltes Brot 93
Gefülltes Käsebrot: Chatschapuri 95
Gemüsebrot: Buntes Gemüsebrot 83
Gerste
Finnische Gerstenfladen 91
Gerste (Warenkunde) 16
Gestenbrot mit Fenchel 47
Nacktgerste (Warenkunde) 16
Sizilianischer Gewürzfladen 57
Sprießkorngerste (Warenkunde) 16
Getreidekörner (Warenkunde) 15
Getreidemühlen (Küchentechnik) 21
Getreidespeicher (Warenkunde) 15
Gewicht (Küchentechnik) 28
Gewürzbrot
Gewürzbrot 71
Dinkel-Gewürzbrot 49
Sizilianischer Gewürzfladen 57
Gewürztes Mischbrot 38
Gluten (Warenkunde) 15, 17, 22
Grahambrot 41
Grahammehl (Küchentechnik) 28
Griechische Mini-Pitta 122
Griechische Osterschleifen 110
Grieß (Warenkunde) 15
Grissini 120
Grünkernbrötchen 113

H

Hafer
Hafer (Warenkunde) 16
Hafer-Weizenkeim-Brot 46
Haferflocken (Warenkunde) 16
Helles Sonnenblumenbrot 40
Haltbarkeit (Küchentechnik) 27
Hartmais (Warenkunde) 17
Haselnußbrot: Französisches Haselnußbrot (Variante) 78
Hausbrot
Deutsches Hausbrot 39
Englisches Hausbrot 36
Hefe
Hefe (Warenkunde) 19
Frischhefe (Warenkunde) 19
Trockenhefe (Warenkunde) 19
Hefeteig (Grundrezept) 22
Pikanter Hefezopf 52
Heißluft (Küchentechnik) 26
Helles Sonnenblumenbrot 40
Hirse
Amerikanisches Hirsebrot 58
Hirse (Warenkunde) 17
Kartoffelfladen 82
Kräuterbrot mit Parmesan 86
Mandel-Sesam-Brot 53

I/J

Indische Chapattis 124
Italienische Brotsuppe 134
Joghurtschnecken 102

K

Kartoffeln
Dinkel-Toastbrot 36
Kartoffel-Täschchen 127
Kartoffelbrot 82
Kartoffelfladen 82
Kartoffeln (Warenkunde) 17
Pikanter Hefezopf 52
Käse-Speck-Brezen (Variante) 118
Käsebrezen 118
Käsebrot: Gefülltes Käsebrot, Chatschapuri 95
Kastenbrot: Schwäbisches Kastenbrot 69
Kastenformen (Küchentechnik) 25
Kastenweißbrot: Feines Kastenweißbrot 33
Klebereiweiß: Gluten (Warenkunde) 15
Klopfprobe (Küchentechnik) 26
Klötzenbrot 97
Knäckebrot: Roggenknäcke 88
Kneten von Teig (Küchentechnik) 29
Knödel: Semmelknödel mit Champignons 136
Koriander
Deutsches Hausbrot 39
Dinkel-Toastbrot 36
Fränkisches Bauernbrot 68
Gewürzbrot 71
Gewürztes Mischbrot 38
Koriander (Warenkunde) 18
Korianderbrot 67
Krustenbrot aus dem Tontopf 65
Kümmel-Korbbrot 48
Landbrot 64
Molkebrot 37
Müslibrötchen 104
Party-Brötchen 109
Roggen-Zwiebel-Stange 70
Sauerteigbrötchen 115
Sechskornbrot 66
Vintschgauer 114
Kräuter
Amerikanisches Hirsebrot 58
Bauernstange 70
Chatschapuri-Käsebrot 95
Kräuter-Bauernbrot 42
Kräuterbrot mit Parmesan 86
Oliven-Baguette 79
Pikante Muffins mit Käse 126
Schinken-»Rosen«-Brot 45
Sizilianischer Gewürzfladen 57
Vollkorn-Pizzabrot 120
Vollkornstangen 107
Krume (Küchentechnik) 28
Kruste (Küchentechnik) 29
Krustenbrot aus dem Tontopf 65
Krustenweißbrot 34
Kümmel
Deutsches Hausbrot 39
Dinkel-Gewürzbrot 49
Fränkisches Bauernbrot 68
Gewürzbrot 71
Gewürztes Mischbrot 38
Helles Sonnenblumenbrot 40
Krustenbrot aus dem Tontopf 65
Kümmel (Warenkunde) 18
Kümmel-Korbbrot 48
Landbrot 64
Molkebrot 37
Party-Brötchen 109
Roggen-Zwiebel-Stange 70
Sauerkrautbrot 92
Sauerteigbrötchen 115
Schwäbisches Kastenbrot 69
Sechskornbrot 66
Tiroler Roggenbrot 76
Vintschgauer 114
Kürbis
Kürbis-Mais-Brot 84
Kürbisbrot 84
Kürbiskerne
Kübiskernbrot 51
Kürbiskerne (Warenkunde) 18

L

Landbrot
Landbrot 64
Französisches Landbrot 72
Laugenbrezen 117
Leinsamen (Warenkunde) 18
Loch- oder Ringbrot: Finnisches Loch- oder Ringbrot 75

M

Mais
Amerikanisches Hirsebrot 58
Dinkel-Toastbrot 36
Hartmais (Warenkunde) 17
Kürbis-Mais-Brot 84
Kürbiskernbrot 51
Mais (Warenkunde) 17
Muffins mit Frühlingszwiebeln (Variante) 126
Pikante Muffins mit Käse 126
Portugiesisches gefülltes Brot 93
Portugiesisches Maisbrot 58
Puffmais (Warenkunde) 17
Rosinenbrötchen 101
Malzbrot: Finnisches Malzbrot 55
Mandel-Sesam-Brot 53
Mehltype (Warenkunde, Küchentechnik) 15
Mehrkornhörnchen 112
Mehrkornhörnchen mit Käsefüllung (Variante) 112
Mehrkornmischung (Küchentechnik) 28
Mexikanischer Broteintopf 135
Mischbrot: Gewürztes Mischbrot 38
Molkebrot 37
Muffins: Pikante Muffins mit Käse 126
Muffins mit Frühlingszwiebeln (Variante) 126
Müslibrötchen 104

N/O

Nacktgerste (Warenkunde) 16
Ober- und Unterhitze (Küchentechnik) 26
Oliven-Baguette 79
Olivenbrot: Toskanisches Olivenbrot 35
Orangenbrot 61
Osterschleifen: Griechische Osterschleifen 110

P

Pan bagnat: Französisches Pan bagnat 132
Panini 106
Party-Brötchen 109
Pikante Muffins mit Käse 126
Pikanter Hefezopf 52
Pitta: Griechische Mini-Pitta 122
Pizzabrot: Vollkorn-Pizzabrot 120
Portugiesisches gefülltes Brot 93
Portugiesisches Maisbrot 58
Puffmais (Warenkunde) 17

Q

Quinoa
Quinoa (Warenkunde) 17
Vollkorn-Quinoa-Stangen (Variante) 107
Quarkbrötchen 102

R

Reisbrot 90
Roggen
Roggen (Warenkunde) 16
Roggen-Zwiebel-Stange 70
Roggenbrötchen (Variante) 88
Roggenknäcke 88
Tiroler Roggenbrot 76
Rosenbrötchen 106
Rosinenbrötchen 101
Rosinenzopf 60
Rührmaschinen (Küchentechnik) 21

S

Safranstangen: Süße Safranstangen 105
Salat: Toskanischer Brotsalat 131
Salz (Küchentechnik) 29
Sandwich: Englische Sandwich-Variationen 133
Sauerkrautbrot 92
Sauerteig
Sauerteig (Warenkunde, Grundrezept) 19, 23
Sauerteig für reines Roggenbrot (Grundrezept) 23
Sauerteig mit Hefe (Grundrezept) 24
Sauerteig mit Hefe für Mischbrot (Grundrezept) 24
Sauerteig-Ansatz (Grundrezept) 23
Sauerteigbrötchen 115
Schädlinge (Warenkunde) 15
Schimmel (Küchentechnik) 27
Schinken-»Rosen«-Brot 45
Schinkenhörnchen mit Pinienkernen 121
Schinken in Brotteig (Grundrezept) 24
Schrot (Warenkunde) 15

Schrotzwieback 89
Schwäbisches Kastenbrot 69
Schwarzbrot rheinische Art 77
Schwedisches Buchweizenbrot 59
Sechskornbrot 66
Semmelknödel mit Champignons 136
Sesam
Mandel-Sesam-Brot 53
Sesamkringel 119
Sesamsamen (Warenkunde) 18
Sirup (Küchentechnik) 29
Sizilianischer Gewürzfladen 57
Sonnenblumenkerne
Helles Sonnenblumenbrot 40
Sonnenblumenkerne (Warenkunde) 18
Sprießkorngerste (Warenkunde) 16
Süßes Sonnenblumen-Rosinen-Brot (Variante) 61
Stichworte von A–Z (Küchentechnik) 28
Suppe: Italienische Brotsuppe 134
Süße Safranstangen 105
Süßes Sonnenblumen-Rosinen-Brot (Variante) 61

T

Tahin-Brot 43
Temperatur (Küchentechnik) 29
Tiefkühlen (Küchentechnik) 27
Tiefkühlen von Teig (Küchentechnik) 29
Tiroler Roggenbrot 76
Toastbrot: Dinkel-Toastbrot 36
Tontopf (Küchentechnik) 25
Toskanischer Brotsalat 131
Toskanisches Olivenbrot 35
Trockenfrüchte
Dattelbrot 96
Klötzenbrot 97
Trockenhefe
Feines Kastenweißbrot 33
Schwedisches Buchweizenbrot 59
Sechskornbrot 66
Trockenhefe (Warenkunde, Grundrezept) 19, 22
Türkisches Bauernbrot 73
Türkisches Fladenbrot 56

U/V

Umluftherd (Küchentechnik) 26
Verwertung von Resten (Küchentechnik) 27
Vintschgauer 114
Vollkorn
Vollkorn-Burger 132
Vollkorn-Pizzabrot 120
Vollkorn-Stangen 107
Vollkorn-Quinoa-Stangen (Variante) 107
Vollkornmehl
Amerikanisches Hirsebrot 58
Bananenbrot 96
Bauernstange 70
Buchweizenblinis 125
Buntes Gemüsebrot 83
Deutsches Hausbrot 39
Dinkel-Gewürzbrot 49
Dinkel-Toastbrot 36
Englisches Hausbrot 36
Finnisches Loch- oder Ringbrot 75
Fränkisches Bauernbrot 68
Französisches Walnußbrot 78
Gewürzbrot 71
Gewürztes Mischbrot 38
Griechische Mini-Pitta 122
Helles Sonnenblumenbrot 40
Indische Chapattis 124
Kartoffelfladen 82
Klötzenbrot 97
Korianderbrot 67
Kräuter-Bauernbrot 42
Kräuterbrot mit Parmesan 86
Krustenbrot aus dem Tontopf 65
Krustenweißbrot 34
Kürbis-Mais-Brot 85
Kürbiskernbrot 51
Landbrot 64
Mandel-Sesam-Brot 53
Molkebrot 37
Müslibrötchen 104
Oliven-Baguette 79
Party-Brötchen 109
Pikante Muffins mit Käse 126
Reisbrot 90
Roggen-Zwiebel-Stange 70
Roggenknäcke 88
Rosinenbrötchen 101
Sauerteigbrötchen 115
Schinken-»Rosen«-Brot 45
Schwäbisches Kastenbrot 69
Schwarzbrot rheinische Art 77
Schwedisches Buchweizenbrot 59
Sechskornbrot 66
Sizilianischer Gewürzfladen 57
Tiroler Roggenbrot 76
Türkisches Bauernbrot 73
Vintschgauer 114
Vollkorn-Pizzabrot 120
Vollkorn-Quinoa-Stangen (Variante) 107
Vollkorn-Stangen 107
Vorteig (Warenkunde, Küchentechnik) 22

W

Walnußbrot: Französisches Walnußbrot 78
Walnußkerne (Warenkunde) 18
Wasser (Küchentechnik) 29
Weckmänner 111
Weinsteinbackpulver (Küchentechnik) 28
Weißbrot
Feines Kastenweißbrot 33
Krustenweißbrot 34
Weizen
Weichweizen (Warenkunde) 15
Hartweizen (Warenkunde) 15
Weizen (Warenkunde) 15
Weizenkeim-Brot: Hafer-Weizenkeim-Brot 46

Z

Zopf
Pikanter Hefezopf 52
Rosinenzopf 60
Zöpfchen (Küchentechnik) 25
Zucchinibrot 50
Zucker (Küchentechnik) 29
Zugluft (Küchentechnik) 29
Zwieback: Schrotzwieback 89
Zwiebel-Fladenbrot 87

KÜCHENDOLMETSCHER

Deutschland	Österreich	Schweiz
Aprikosen	Marillen	Aprikosen
Brötchen	Semmeln, Weckerl	Weggli
Eigelb Eiweiß	Eidotter Eiklar	Eigelb Eiweiß
Hefe Hörnchen	Germ Kipferl, Beugerl	Hefe Gipfeli
Kartoffeln Kastenform	Erdäpfel Kastenform	Kartoffeln Cakeform
Paniermehl Paprikaschoten Pflaumenmus	Semmelbrösel Paprika Powidl	Paniermehl Peperoni Pflaumenmus
Quark	Topfen	Quark
Sahne, saure Sahne, süße	Sauerrahm Obers	saurer Rahm Nidel
Tomate	Paradeiser	Tomate
Vorteig	Dampfl	Vorteig
Walnüsse	Baumnüsse	Baumnüsse
Zopf Zucchini	Zopf Zucchini	Striezel Zucchini/Zucchetti

Impressum

Die Autoren

Erika Casparek-Türkkan
Aufgewachsen ist sie in einem Landgasthof, in dem die Großmutter in der Küche Regie führte. Als Journalistin widmete sie sich zunehmend ihren beiden Hobbys, dem Reisen und dem Kochen. Heute schreibt sie Reiseführer und Kochbücher, und auch beim Brotbacken heißt ihr Schwerpunkt: Internationale Spezialitäten!

Elisabeth Döpp
Sie schloß ihr Studium mit dem Magister ab und war jahrelang Lektorin eines großen Verlages in München. Sie schrieb mehrere Kochbücher, ist außerdem UGB-Gesundheits-Trainerin im Bereich Ernährung und gibt Kochkurse. Sie ist spezialisiert auf vollwertige und vegetarische Küche und entwickelte die entsprechenden Rezepte für dieses Buch.

Angelika Ilies
Die gebürtige Hamburgerin mit Wohnsitzen in Bonn und München begann ihren Start in die Karriere direkt nach dem Ökotrophologie-Studium – mit einem Umweg über London, wo sie in einem renommierten Verlag Redaktionsalltag erlebte. Zurück im eigenen Land verstärkte sie das Kochressort der größten deutschen Foodzeitschrift. Seit 1989 arbeitet sie erfolgreich als freie Autorin und Food-Journalistin. Ihr Schwerpunkt in diesem Buch sind schnelle und unkomplizierte Rezepte.

Brigitta Stuber
Die Foodjournalistin hat nach einem Redaktionsvolontariat ihr Hobby, das Kochen, zum Beruf gemacht. Aktuelle Trends greift sie bei ihrer Arbeit mit Begeisterung auf, wobei ihr gesunde Ernährung und lustvolles Essen gleichermaßen wichtig sind. In ihren Koch- und Backbüchern ist diese Vielseitigkeit bemerkenswert.

Annette Heisch
Optimale Qualität und sorgfältigste Behandlung von Lebensmitteln liegen ihr am Herzen. Im Laufe ihres Ökotrophologie-Studiums eignete sie sich das theoretische Wissen an, praktische Erfahrungen sammelte sie während ihrer Redaktionstätigkeit bei großen Frauenzeitschriften sowie in der eigenen Versuchsküche. Seit 1995 ist sie als freie Journalistin und Kochbuchautorin tätig. Ihr Thema in diesem Buch: Warenkunde und Küchentechnik.

Die Fotografen

FoodPhotography Eising mit Sitz in München und Maine (USA) wird von Susi und Pete A. Eising geleitet.
Sie studierten an der Fachakademie für Fotodesign in München. 1981 gründeten sie ihr eigenes Studio für Foodfotografie, das dank der gemeinsamen Passion für Eßkultur und kulinarische Ästhetik rasch internationales Renommee erwarb. Ihre Kenntnisse über fremde Küchen und Kulturen vertiefen Susi und Pete A. Eising auf zahlreichen Reisen, von denen sie immer wieder neue Eindrücke in die künstlerische Gestaltung ihrer Produktionen einbringen.
Das Titelfoto des vorliegenden Buches fotografierte Susi Eising, die Aufnahmen im Innenteil stammen von Martina Görlach. Für das Foodstyling war Tanja Major verantwortlich.

Studio und Archiv für Foodfotografie Teubner
Das von Christian Teubner 1962 gegründete Unternehmen genießt international größtes Ansehen. Christian Teubner – Fotograf, Koch, Gourmet – hat auf unzähligen Reisen durch alle Kontinente das Wesen der Landesküchen kennengelernt. In seinem Studio wird dieses Wissen in hochwertige Profi-Bücher umgesetzt. Besonderes Augenmerk legt er dabei auf die naturgetreue Wiedergabe der verwendeten Produkte. Das Fotoarchiv umfaßt eine der größten Sammlungen an warenkundlichen Aufnahmen weltweit.

Dankeschön
für die Unterstützung bei der Fotoproduktion:
ASA, Höhr-Grenzhausen
Marijana Ambos, München
Busatti, München
Die Landpartie, München
Flamant, Geraardbergen (Belgien)
IDC, Meerbusch
Intacado, Langenfeld
Susi Möhle, Parkstetten
Radspieler, München
Sabre, Paris (Frankreich)
Scof, Remy-Sur-Durolle (Frankreich)
SIA, Trier-Zewen

Die Temperaturstufen bei Gasherden variieren von Hersteller zu Hersteller. Welche Stufe Ihres Herdes der jeweils angegebenen Temperatur entspricht, entnehmen Sie bitte der Gebrauchsanweisung.

© 1997 Gräfe und Unzer Verlag GmbH, München
Alle Rechte vorbehalten. Nachdruck, auch auszugsweise, sowie Verbreitung durch Film, Funk, Fernsehen, durch fotomechanische Wiedergabe, Tonträger und Datenverarbeitungssysteme jeglicher Art nur mit schriftlicher Genehmigung des Verlages.

Redaktion: Katharina Lisson, Sabine Sälzer
Lektorat: Angela Hermann-Heene
Versuchsküche: Barbara Hagmann, Traute Hatterscheid, Dorothea Henghuber, Astrid Keese, Christa Konrad-Seiter, Renate Neis, Marianne Obermayr
Typografie: Kraxenberger Kommunikation
Herstellung: Johannes Kojer
Produktion: Jürgen Bischoff

Bildnachweis
Titel, Innentitel, Kapitelaufmacher, Rezeptfotos, Tabelle S.10,12, Warenkunde S. 19 (Sauerteig im Glas), Küchentechnik S. 22, 23, 24, 25 (Zopf flechten), 26: FoodPhotography Eising
Warenkunde S. 15 (Weizen), 16, 17 (Quinoa, Buchweizen), Küchentechnik S. 7, 29: Stockfood
Sonstige Bilder:
Studio und Archiv für Foodfotografie Teubner
Großes Rückseitenbild: Stockfood

Satz: L & G 1000 GmbH, München
Repro: Fotolitho Longo, Bozen
Druck und Bindung: Mondadori, Verona
ISBN 3-7742-3177-X

Printed in Italy.

Auflage 7. 6. 5. 4. 3. 2. 1.
Jahr 2001 2000 99 98 97

Umschlag-Vorderseite:
Krustenbrot S. 34 (nicht eingeschnitten), Brötchen aus Baguette-Teig S. 32 (Tip), mit Sesam, Sonnenblumenkernen und Kürbiskernen bestreut
Umschlag-Rückseite (von oben nach unten): Krustenweißbrot (Rezept Seite 34), Buttermilchzöpfchen (Rezept Seite 103), Roggenknäcke (Rezept Seite 88)

Alle Aufnahmen entstanden auf Agfachrome 100 RS

DIE GU KÜCHENBIBLIOTHEK

Der Beginn einer wunderbaren kulinarischen Freundschaft.

Band für Band genießen.

Wer gerne kocht und öfter mal was Neues probiert, will mehr wissen über Rezepte, Warenkunde und Küchentechniken. Dafür gibt es jetzt die »GU Küchenbibliothek«. Diese neue Reihe ist das Standardwerk für die Küche 2000. Sie beantwortet alle Fragen, die sich in der modernen Küche stellen. Aktuell, ausführlich und mit appetitanregenden Fotos im neuartigen Stil – damit kein Erfolgsrezept verborgen bleibt. Mit 20 Bänden ideal zum Sammeln und Verschenken.

Mehr draus machen
Mit Gräfe und Unzer